重庆市教育科学"十四五"规划2021年度重点课题（项目编号：2021-GX-153）
"基于'双城双循环'战略的高校就业创业指导体系构建研究"

双循环背景下
成渝高校就业创业
指导体系构建研究

郭静林 / 著

西南财经大学出版社

中国·成都

图书在版编目（CIP）数据

双循环背景下成渝高校就业创业指导体系构建研究/
郭静林著.—成都：西南财经大学出版社,2024.12.
ISBN 978-7-5504-6456-8

Ⅰ.G647.38

中国国家版本馆 CIP 数据核字第 2024CW0999 号

双循环背景下成渝高校就业创业指导体系构建研究
SHUANGXUNHUAN BEIJING XIA CHENGYU GAOXIAO JIUYE CHUANGYE ZHIDAO TIXI GOUJIAN YANJIU

郭静林　著

策划编辑:陈何真璐
责任编辑:陈子豪
责任校对:杨婧颖
封面设计:墨创文化
责任印制:朱曼丽

出版发行	西南财经大学出版社（四川省成都市光华村街 55 号）
网　　址	http://cbs.swufe.edu.cn
电子邮件	bookcj@swufe.edu.cn
邮政编码	610074
电　　话	028-87353785
照　　排	四川胜翔数码印务设计有限公司
印　　刷	成都金龙印务有限责任公司
成品尺寸	170 mm×240 mm
印　　张	9.75
字　　数	154 千字
版　　次	2024 年 12 月第 1 版
印　　次	2024 年 12 月第 1 次印刷
书　　号	ISBN 978-7-5504-6456-8
定　　价	68.00 元

前言

　　随着市场和资源两头在外的国际大循环动能减弱，加之受新冠疫情全球蔓延、中美贸易摩擦升级、国际贸易保护主义和单边主义盛行等复杂态势影响，我国为了在多重压力下继续突破国内尚未解决的中长期结构性问题、使强国方针有效推进、提升经济高质量发展动力，于2020年5月提出了"深化供给侧结构性改革，充分发挥我国超大规模市场优势和内需潜力，构建国内国际双循环相互促进的新发展格局"。在"双循环"背景下，推进生产要素市场化配置改革是促进国内统一大市场形成的关键，而在众多生产要素中，劳动力要素市场化效率的提升对打通"双循环"经济的人才经脉、激发创新创造活力、适应国内产业转型升级需要起着至关重要的作用。对于国内人才大循环而言，各地高校是向当地产业输入新鲜人才血液的主阵地，每年全国高等学校和职业院校向社会输送数以千万计毕业生，同时肩负着为在校生、毕业生、各行各业的社会人士进行就业创业教育教学指导、职业技能培训、职业生涯规划指导等继续教育职责，推动我国从人才大国迈向人才强国不仅是我国高校的重要责任，同时也是中国高等教育自身由大变强的内在驱动。

　　本书的研究对象为成渝地区双城经济圈内本专科高等院校，以"双循环"新发展格局对成渝地区双城经济圈建设的影响为背景，把如何从高校角度推进成渝地区"人才链—创新链—产业链"的深度融合作为出发点，试图从成渝地区高校就业创业指导体系建设的角度，研究如何通过对成渝地区双城经济圈就业创业指导体系的改进，使成渝各区域高校向社会输送的人才更能动态契合区域产业在"双循环"背景下的转型升级需求。该研究以重庆市教育科学"十四五"规划重点课题《基于"双城双循环"战略的高校就业创业指导体系构建研究》作为项目支持，将国家的"双循环"新发展格局和"成渝地区双城经济圈"建设两大战略规划需求进行了结合思考，试图构建出一套以成渝双城区域产业发展为导向、多方市场主体参与、能动态适应"双循环"下国内人才市场需求的产才协同就业创业指导体系。

为构建适应"双循环"人才发展需求的成渝高校就业创业指导体系，本书首先从就业创业政策导向、成渝经济转型升级中的人才需求、成渝高校毕业生就业创业现状与趋势三大方面对"双循环"背景下成渝地区就业创业发展态势进行分析；其次，通过对成渝高校就业创业指导课程体系、就业创业实践活动体系、就业创业指导师资队伍、就业创业服务平台建设、就业创业指导评价体系五大体系构成要素的发展现状进行调研分析，试图挖掘成渝高校就业创业指导体系各构成环节中存在的主要问题；最后，基于成渝高校就业创业指导体系在"双循环"背景下面临的三大共同目标，即由提升就业率转向优化就业结构、由迎合产业短期需求转向适配产业长期发展、由独立建设转向区域校际协同共建指导体系，构建出基于"双城双循环"的高校就业创业指导体系。

本书的研究对探索省域现代职业教育体系建设新模式、打造市域产教联合体、打造行业产教融合共同体等国家职业教育体系建设任务具有一定的实践指导价值。第一，本书为成渝高校人才更好融入"双循环"新发展格局提供了一套全新的职业指导框架，从实践教育层面助力国家"双循环"新发展格局的形成；第二，本书为实现成渝地区双城经济圈产才深度融合及区域联动提供了高校端的指导方案，更多地站在实践性、可操作性、适宜性的角度，为各层次高校构建可实施的就业创业指导体系提供建议；第三，本书为提升成渝高校学生就业创业质量与职业发展内驱力提供指导方法，帮助现代大学生协调"兴趣—理想—现实"冲突、打破学科边界对职业选择的束缚、提升自我效能感与社会适应性、理解并尊重不同类型职业的平等性、构建符合国家战略发展方向的长远职业理想信念。

基于上述内容的研究，本书可作为成渝地区各高校、人力资源和社会保障部门等教育机构和相关政府部门的职业指导活动参考用书，也可用于成渝地区企事业单位人力资源部门改进人才精准招聘方案，以及企业参与校企合作育人项目的指导用书。

郭静林

2024 年 8 月

目录

第一章 绪论

第一节 研究问题与意义

一、研究缘起

随着我国在全球经济中的比较优势逐步发生由量及质的改变，我国自2006 年便开始扭转曾经依赖低成本优势靠外贸推动经济发展的外向型经济战略，将"扩大国内需求"作为战略重心贯穿整个"十一五"和"十二五"发展时期。进入"十三五"时期后，我国又一次面临经济发展重心的变化，坚持以供给侧结构性改革作为发展主线，通过多样化的改革办法，增强微观主体活力、提升产业链水平、畅通国民经济循环、推动经济高质量发展。然而在"十三五"后期，国际格局加速变化，面对美国对中国高科技企业的打压、新冠疫情的全球蔓延、中美贸易摩擦的持续升级、国际贸易保护主义和单边主义盛行等复杂态势，我国为了在多重压力下继续突破国内尚未解决的中长期结构性问题，将"畅通国民经济循环"拓展为双循环战略，作为顺应经济发展历史规律的强国方针录入"十四五"发展纲要，让"双循环"新发展格局成为我国经济高质量发展的重要动力。

在"双循环"新发展格局被提出的同年① 10 月，中共中央政治局召开会议，审议《成渝地区双城经济圈建设规划纲要》，将成渝地区双城经济

---

① 2020 年 5 月 14 日，中共中央政治局常委会会议首次提出"深化供给侧结构性改革，充分发挥我国超大规模市场优势和内需潜力，构建国内国际双循环相互促进的新发展格局"，之后新发展格局在多次重要会议中被提及。

圈战略与"双循环"战略两大方针一并提及，指出推动成渝地区双城经济圈建设，有利于形成优势互补、高质量发展的区域经济布局，有利于拓展市场空间、优化和稳定产业链供应链，是构建双循环新发展格局的一项重大举措。因此，将成渝地区双城经济圈建设问题放置于"双循环"背景下进行思考，有助于更好地发现区域经济圈建设与国家战略的衔接点，促进对我国经济与产业战略的重要支撑要素——人才、教育、就业、创业等问题的协同创新研究。

（一）双循环经济的畅通需要提升人才要素质量和配置效率

"双循环"背景下，随着市场和资源两头在外的国际大循环动能减弱，国内市场大循环动力日益增强，推进生产要素市场化配置改革已成为促进国内统一大市场形成的关键。而在土地、劳动力、资本、技术、数据等众多生产要素中，劳动力要素市场化效率的提升对打通双循环经济的人才经脉、激发创新创造活力、适应国内产业转型升级需要起着至关重要的作用。我国现阶段劳动力市场环境正面临人口老龄化和人口负增长双重压力带来的劳动力总供给下降问题，因此，存量劳动力的质量如何提升便成为非常重要的议题。只有进一步探索如何有效有力地培育人才、激励人才、建立产才联动的职业发展导向机制、构建全面的人才保障体系、创建个性化的人才服务模式、建立以质量与绩效为导向的人才评价制度，才能更好提升人才要素质量和配置效率，促使劳动力要素市场化改革纵深发展，从而立足于"人才强国"的角度服务于"双循环"经济。

（二）成渝地区双城经济圈建设需要区域人才链与产业链的有效衔接

双循环经济中的"国内经济循环"是由不同区域经济循环构成的有机整体，国内大循环的形成离不开各区域统筹规划、分工合作、协调发展。在区域经济一体化进程中，国内各区域间资源禀赋、社会经济特点和发展阶段具有差异性，导致我国各地区在双循环新发展格局中承担了不同的功能定位。以我国城市群划分的区域来看，《2019 年新型城镇化建设重点任务》①明确将成渝城市群与京津冀城市群、长三角城市群、粤港澳城市群并列，这也意味着成渝地区双城经济圈是我国唯一一个地处西部内陆的重

---

① 《2019 年新型城镇化建设重点任务》是 2019 年 3 月 31 日中华人民共和国国家发展和改革委员会制定、印发的文件，文件编号发改规划〔2019〕0617 号。

要区域经济圈，临近广袤的内陆腹地、资源富集、人口较多，是加快形成强大国内市场的关键所在。因此，其建设承载着将我国西部内陆市场融入双循环格局的重要任务。

然而，由于成渝区域内一直存在产业结构升级缓慢、产业从业人员数量多、产业产值低、产业同质化导致的区域内外恶性竞争、优势产业定位不明导致的劳动力流失、产业协同程度低导致的人才合作效率低下等问题，使成渝地区产业缺乏持续有力的产业人才配套推动，造成其内生创新动力不足，极大地阻碍了经济圈的建设进程。因此，只有搭建好动态适应成渝产业链升级需求的人才供给体系，才能有效推进"人才链—创新链—产业链"的深度融合，最终实现成渝区域产业链条上人才、技术、资本等各要素的质量提升。

（三）成渝地区产才融合需要高校就业创业指导体系的有力支撑

随着全球新一轮科技革命和产业变革深入发展，当今各国、各行业、各领域出现的颠覆性创新技术案例无一不在揭示产业与人才的关系——产业发展是促进经济社会高质量发展的关键，而助推产业发展的坚实根基在于人才。这要求社会各领域需要重视人才工作与产业发展间的内在逻辑，不能抛开人才建产业，或是脱离产业造人才。然而在成渝地区的产才融合进程中，一直存在诸如自主育才准星不准、人才引进磁力不足、人才使用定位不当等问题，导致出现了成渝高校的人才供给难以精准满足双城经济圈的产业转型需求、成渝区域部分产业留不住高校人才、产业人才无法发挥所长等诸多产才匹配错位的现象。这些问题与现象不能单纯依靠人才市场自由调节、政府人才政策引导、企业人事制度革新等外驱动力来解决，还需在人才内驱动力上下功夫。因此，提升产才融合效果需要重点关注人才培养的初始阶段，即在高校人才流入社会之前就对其职业发展意识、职业规划方法、引领产业转型所需技能等方面进行科学性成体系的指导，让成渝地区高校人才具备"以成渝地区双循环经济产业发展为导向"的就业创业观，这样才能更好配合成渝地区人才政策，内外驱动人才自身发展需求与区域产业转型升级需求达成一致，从而有力推进成渝地区产才融合进程。

（四）"双城双循环"建设需要高校毕业生就业创业质量的提升

自 2020 年以来，重庆与成都每年的高校毕业生人数均稳定在 23 万 ~

24万人①，意味着成渝地区双城经济圈建设以来，每年仅两大核心城市就会向社会输送接近50万的大学本专科人才，且每年呈现出递增趋势。虽然高校人才数量保持逐年上升，但其就业创业质量的改善却相对艰难。由于新冠疫情在2020—2022年间的反复暴发，给高校毕业生就业创业带来了外部经济环境和内部心理状态的双重冲击，同时，三年疫情在一定程度上又加速了产业数字化转型的步伐，使得产业端对专业人才的能力需求也发生了快速转变，各项复杂因素交织在一起导致毕业生就业创业效率变低、持续时间变短、失业或创业失败风险变高、薪酬保障降低、职业自我认同度下降、对经济增长的边际效益减弱，最终导致高校毕业生就业创业数量与质量的脱节。而成渝地区高校毕业生的就业创业问题也反映了成渝地区双城经济圈整体就业创业质量问题，因此，站在高校就业创业教育的角度，要推进"双城双循环"建设，必须以毕业生就业创业质量提升为导向开展专业教育与就业创业教育工作，并发挥好这两类教育教学工作的协同效果，才能让成渝高校为双城经济圈培育并输送更优质的人才。

二、研究问题

在"双循环"新发展格局背景下，成渝地区双城经济圈建设需要着重考虑人才链与产业链在区域范围内长期性的迭代融合，然而进入"十四五"时期后，新冠疫情的冲击、全球价值链重组、人口老龄化加剧、国际国内产业供需结构变化、国内城乡收入差距加大等诸多前期积累与后期新增的复杂内外部因素，给成渝地区双城经济圈产才融合工作带来了更大的挑战。从成渝地区人才培养的角度来看，较为突出的挑战在于，"双循环"新格局所需的建设人才来源主要依靠国内教育，随着人口红利逐渐减少，成渝地区双城经济圈较东部沿海发达地区而言，存在内生创新动力不足、对外开放力度不够、吸纳并留住就业创业人才的能力不强等问题，使双城经济圈人才增质提升的重担落在了成渝地区高校身上。新发展格局所需的

---

① 根据重庆市教委发布的《重庆市2020届普通高校毕业生就业情况报告》与《重庆市2021届普通高校毕业生就业情况报告》显示，重庆市2020年普通高校毕业生共计23.5万人、2021年共计24.4万人；《成都统计年鉴2022》数据显示，成都市2020年普通高校毕业生共计230 490人、2021年共计233 311人。

高校就业创业指导已不能只停留在提供实习基地与就业渠道、提升就业创业参与度、予以就业创业基本知识辅导的初级阶段，而是需要将如何让本地高校人才与本地产业精准对接、如何促使本地人才与圈内产业长期融合发展、如何培养有利于双循环经济发展和双城经济圈建设的人才、如何激发人才的内驱成长动力等诸多问题纳入思考范畴。

因此，本书立足于成渝地区高校就业创业指导体系建设的角度，力求解决以下几个核心问题。第一，成渝高校人才就业创业现状是否契合区域产业在双循环背景下的转型升级需求？成渝高校毕业生质量特征与地区产业对相关人才质量需求差异在哪里？第二，成渝高校现有就业创业指导体系为何难以使学生产生自主就业创业与长远职业规划的内生动力？为何高校学生在已有的就业创业指导框架下仍然广泛存在职业认知偏差与迷茫？为何高校学生创业失败率依然高居不下？影响成渝高校就业创业指导工作效果的困境和问题到底是什么？第三，如何以双循环背景下的成渝地区双城经济圈建设目标为导向，重构成渝高校就业创业指导体系？如何重构才能使成渝高校就业创业指导体系在畅通"双循环"人才经脉与实现双城经济圈产才深度融合的进程中发挥重要作用？

三、研究意义

就业创业指导一直以来是我国职业教育的重要环节，在高等职业教育体系中，就业创业指导贯穿了专科层次、本科层次和研究生层次的职业教育过程。如果说高校学科专业教育水平决定了人才专业素质的高低，那么高校就业创业指导体系的完整性、有效性、实时性、精准性将直接影响高校不同专业人才职业规划与区域经济产业发展需求的契合度，这在一定程度上决定了专业人才就业创业质量的高低，好的高校就业创业指导体系能有效促进高校人才对区域经济服务水平的提升。

一套能有助于高校群所处区域产业经济发展的就业创业指导体系不仅涉及区域高校内部相关指导课程、咨询渠道、平台、协同联动机制等方面的建设，同时还应涉及该指导体系与区域产业发展转型需求的动态适配度的调整。因此，本书在该领域的研究将国家经济战略、区域经济规划、区域高校教育三个层次纳入一个研究框架下进行思考，一是将国家"双循环"发展战略与成渝地区双城经济圈战略进行衔接研究，二是将成渝地区双城经济圈人才链与产业链进行衔接研究，三是将成渝地区高校就业创业指导体系与区域产才链条融合进行衔接研究，由上至下、由宏观到微观，深挖并试图解决成渝高校就业创业指导工作的困境与问题，提供一套与"双循环+双城经济圈"战略部署中各链条环节相契合的就业创业指导体系构建方法论，对探索省域现代职业教育体系建设新模式、打造市域产教联合体、打造行业产教融合共同体①等国家职业教育体系建设任务的具体实践有重要的意义。

（一）为成渝高校人才更好融入双循环新发展格局提供全新的职业指导框架

"双循环"是从"两头在外"②的发展模式转向"以内为主、内外互促"的新发展格局，在新格局形成之前，早先注重国外大循环的经济发展战略更多地促进了我国东部沿海城市群的快速发展与经济腾飞，相比之下同时期的成渝地区等西部内陆地区城市群发展相对缓慢。而在迈入"十四五"时期后，我国的发展战略转向以国内大循环为主，为我国西部内陆核心城市群在新格局下的加速发展指明了方向，即优化区域内全产业链协调发展、增强自主创新能力、提高供给侧与需求侧的适配性、优化要素配置效率、坚持全球多边合作。在"双循环"格局的内涵框架下，无论是产业链的协调与畅通，还是自主创新动力的激发，背后都需要适配的人才来推动，而成渝高校人才作为在"双循环"背景下新投入成渝地区双城经济圈建设的生力军，是最适合推动成渝地区在"双循环"格局下加速发展的储备动力。

为了使成渝高校人才更好融入进"双循环"新发展格局下的经济建设任务中，提升区域毕业生与区域产业链的长期适配性，本书将我国"十四五"规划中提及的高效率、高质量、长链条、调结构、扩内需、跨界融合等"双循环"背景下的经济建设关键点融入成渝高校就业创业指导体系研

---

① 2022年12月21日，中共中央办公厅、国务院办公厅印发的《关于深化现代职业教育体系建设改革的意见》中提及了三大战略任务，即"探索省域现代职业教育体系建设新模式""打造市域产教联合体""打造行业产教融合共同体"。

② "两头在外"的发展模式是指原材料和产成品的市场都在国外，基于国内低成本优势充分利用国外市场参与国际大循环。

究中，试图为双城经济圈构建一套各层次高校均能借鉴的职业指导框架，以辅助成渝高校人才在迈入社会后，能自主适应区域产业发展需求，开展高质高效的就业创业行动，从实践教育层面助力国家"双循环"新发展格局的形成。

（二）为实现成渝地区双城经济圈产才深度融合及区域联动提供高校端指导方案

根据保罗·克鲁格曼（Paul Krugman，1991）的核心-边缘模型和陈涛、唐教成（2020）提出的"产才教城"互动发展分析框架可知，高等教育与产业经济的连接点是产业人才，只有实现高等教育与地方经济的良好互动，才能引导高校加速知识溢出效应和就业创业反应。然而，在双城经济圈规划提出之前，成渝两地之间重经济合作、轻教育合作，成渝地区高等教育资源虽然丰富但却各自发展、联动性不强，两地虽各自有优势和特色产业积累，但内生创新动力不足、对外开放力度不够、吸纳并留住就业创业人才的能力不强，同时成渝两地间还存在区县城镇群高等教育"凹地"和经济塌陷现象，这些问题从多角度反映了成渝地区双城经济圈在产业、人才、教育、城镇互动发展框架构建上的缺失。

尽管自成渝地区双城经济圈建设以来的相关研究文献从理论层面和实践层面都提出了对上述问题的解决措施，但多聚焦于宏观战略层面的理论剖析，在区域高校微观组织层面的落实尚少且未成体系；在两地高校区域联动方面，虽然各类高校联盟在积极搭建中，但尚处于合作意向框架搭建阶段，适用于产才深度融合的可操作性指导方案少之又少。因此，为了在成渝两地前期合作的基础上，从高校端推进成渝地区双城经济圈的产才深度融合和区域联动，本书更多地站在实践性、可操作性、适宜性的角度，针对两地不同层次高校人才培养目标、各地人才市场需求、各类产业联盟及战略性新兴产业等市场主体对人才质量的需求，从就业创业指导课程体系、咨询服务体系、竞赛活动体系、项目孵化体系以及指导体系间的互通联动方式等多维度探索适用于成渝高校就业创业指导体系的建设措施，为高校端、产业端、政府端等多边协同发力促成产才融合和区域联动提供基层实践指导方案。

（三）为提升成渝高校学生就业创业质量与职业发展内驱力提供指导方法

为"双循环"打通人才经脉、为"双城记"提供人才支撑，需要的不仅仅是成渝地区集聚的人才数量增加，同时更需要与双城产业发展战略匹配的人才质量提升。近年来，成渝地区人才战略框架下的人力资源协同创新工作重点在于突出方向引领、内生激发、规模集聚、协同发展和生态营造，从而达成高质量引才聚才的目标。本书基于双循环背景，从五个方面对如何构建成渝高校就业创业指导体系进行研究：第一，在方向引领上，试图为高校人才供给端提供注重供需两端精准匹配的指导方法；第二，在内生激发上，试图构建能考虑不同层次高校人才学情和成长规律的差异化指导内容；第三，在规模集聚上，试图有效整合各类市场主体的人才计划与高校就业创业各指导模式的契合点，引导多市场主体、多就业创业渠道与高校对接，构建能承载多向筛选机制、能创造多就业创业机会的人才储备与供给库；第四，在协同发展上，试图基于各层次高校联盟的合作框架，构建就业创业指导资源共享共建路径；第五，在生态营造上，试图探索出同时具有成渝高校共性和不同办校定位特点的高校人才链条服务生态互动机制，促使校企政地多方资源与高校资源的长期良性互动，共同提升成渝高校学生就业创业质量。

我国现阶段高校的就业创业指导教育更重视对学生职业能力提升上的指导，从早先关注学科专业应用能力等职业硬技能，到后来将沟通能力、合作能力、执行能力、领导能力等职业软技能也纳入就业创业指导中，再到现在开始关注创造性思维能力和创业综合技能的提升，这些都属于学生个体外部职业能力塑造的范畴。而国外在20世纪中期便开始重视职业理想教育对学生成长过程的心理行为模式所产生的影响，从而衍生出关注学生职业发展内驱动力塑造的职业理想指导教育。本书兼顾就业创业指导的内外作用，试图在国内外对职业理想教育的现有研究成果的基础上，探索出一套能激发高校学生就业创业内驱力的指导方法，帮助现代大学生协调"兴趣—理想—现实"冲突、打破学科边界对职业选择的约束、提升自我效能感与社会适应性、理解并尊重不同类型职业的平等性、构建符合国家战略发展方向的长远职业理想信念。

第二节　核心概念界定

一、就业教育与就业指导

就业教育主要指以个体就业择业、职业发展、职场规划等内容为核心的教育教学活动，针对就业教育的实践活动贯穿于职业教育、普通高等教育、社会在职人员的教育过程中，涉及国内外社会各阶层有就业或职业规划需求的人群。从名称上看，世界各国教育界对"就业教育"的提法有略微的不同，比如美国称其为生涯教育（Career Education）[①]，日本称其为出路教育，而中国的教育界和学术界更偏好称其为"就业指导"或"就业指导教育"，然而从本质上看，我国的就业教育在经历了表 1-1 所示的四个阶段发展后，已从单一的以获得工作岗位为中心的择业指导教育逐步演变为覆盖职业生涯全过程的就业指导与职业生涯规划教育，与西方生涯教育的内涵基本趋于一致。

表 1-1　我国就业教育内涵的发展历程

发展阶段	发展时间	内涵总结
第一阶段	20 世纪 40 年代	就业教育即职业指导，主要应用于基础教育和职业教育领域，指导青少年未来择业
第二阶段	20 世纪 50 年代至 70 年代	就业教育主要指大学毕业生思想教育，即指导高校毕业生树立共产主义理想、养成良好道德品质、适应未来职业生活
第三阶段	20 世纪 80 年代至 90 年代	就业教育由毕业生思想教育向就业指导转变，即帮助准备就业的人了解职业情况，教会其根据自己的条件选择职业，帮助其实现就业以及就业后的自我提升与事业发展，让其能为社会主义建设事业做出更大贡献

[①]　生涯教育（Career Education）一词于 1970 年由美国联邦卫生、教育、福利部教育总署署长詹姆斯·艾伦首次提出，后由其继任西德尼·马兰推广。

表1-1（续）

发展阶段	发展时间	内涵总结
第四阶段	21世纪至今	就业教育被定义为采用科学的方法，帮助人们了解自己，培养和发展生理和心理适应能力，获得职业信息并做出职业决策的一套教育流程，帮助人们根据社会需要和自身特点选择职业、预备职业、获得职业和改进职业

资料来源：杨晓慧. 大学生就业创业教育研究［M］. 北京：经济科学出版社，2015：18-19.

在高等教育的范畴里定义就业教育，就业教育的受众便从社会各阶层待就业和职业人群缩小到大学生群体中，根据不同时代社会对高校专业人才的需求变化，高校就业教育的价值内涵也在不断地变迁。赵世铽（1997）将高校就业教育归属为狭义的就业教育范畴，认为高校就业教育并不是单纯地帮助学生找到合适的工作，还要使学生增强就业应变能力，其宗旨在于培养人才、开发人力资源，使学生在任何工作岗位上都能为建设社会主义事业发挥潜能、有所作为。杨晓慧（2015）对大学生就业教育作出了较为全面的定义，即以学会就业、实现职业发展以及生涯成长为目标，以就业观念为引导，以就业知识学习和就业能力培养为主要内容，以侧重职业与个体匹配性、知识与技能的复合性、社会生存的适应性为突出特征，以全体大学生为教育对象的一种教育实践活动。韦宏（2018）在此基础上提取了就业教育的核心特征，即就业意识培养是前提、就业知识教育是基础、就业技能训练是关键、就业评价是保证。进入"十四五"时期，我国开启了以中国式现代化全面推进中华民族伟大复兴新征程，人才建设是对全面建设社会主义现代化国家的基础性、战略性的支撑，而大学生是国家发展、民族复兴的有生力量。于祥成和万浩（2023）基于党的二十大中指出的国家建设战略安排，进一步明确了新时代高校就业教育的价值内涵，认为高校就业教育要帮助学生正确认识和把握个人与国家、社会之间的关系，引导学生将个人理想抱负和国家事业发展结合起来，到祖国和人民需要的地方建功立业。因此，高校就业教育在以往的核心内容基础上，还应不断丰富拓展，与大学生思想政治教育体系、专业教育体系、劳动教育体系全面融合。

综上所述，现阶段我国高校就业教育或就业指导的核心在于培养大学生的自主就业意识和职业性格自我认知，训练大学生具备能适应专业和岗位发展变化的职业知识与职业技能，引导大学生树立适应国家战略发展需要的长远职业理想和坚定职业信念，提升大学生职业道德素养，修炼大学生职业品格，从而在高校端促进高质量充分就业和人才强国战略的实施。

二、创业教育与创业指导

高等学校的创业教育（Entrepreneurship Education）起源于 20 世纪 40 年代的美国，从 20 世纪 40 年代到 20 世纪 90 年代，美国高校创业指导体系的核心主要体现在创业教育课程的开设和相关课程体系的构建上。1947 年，哈佛商学院的迈赖斯·迈斯（Myles Mace）教授为 MBA 学生开设的《新创企业管理》被认为是美国大学创业教育的第一门课，标志着创业教育在大学教育体系中首次出现；随后的 20 年间，由于美国垄断资本的迅速发展，在大型企业繁荣兴盛、小公司难以立足生存的宏观环境下，美国高校的创业教育驻足不前、难以推广；直至 20 世纪 70 年代至 20 世纪 90 年代间，以硅谷地区为代表的高技术产业的崛起和迅速发展，伴随着越来越多的创业者成功的案例，更多人加入到创业者的行列，也促使了社会和高校对创业教育需求的增加，创业类课程不仅从 MBA 课程体系扩展进入到本科层次的课程体系中，其开设数量也出现了极大的增长，将创业教育纳入本科教育体系成了美国高校普遍的选择；进入 21 世纪之后，美国的创业教育与创业指导体系逐步趋于成熟，不再只局限于创业课程建设上，而是从单门课程发展至各类创业项目，再形成创业类专业，同时配备以具有社会经费赞助的创业类竞赛、企业孵化器支持、创业校园项目等，使高校、政府、社会机构都成为高校创业教育体系开展和运作的一部分。

基于美国高校创业教育从诞生开始的 40 多年教育实践，联合国教科文组织（1991）第一次对创业教育给出了较为官方的定义，即创业教育从广义上来说是培养具有开创性的个人，它对拿薪水的人也同样重要，因为用人机构或个人除了要求受雇者在事业上有所成就外，正越来越重视受雇者的首创、冒险精神，创业能力，独立工作能力，以及科技、社交和管理技能。随后，美国创业领导力与创业教育交流中心（CELCEE，1997）将创业教育定义为为个体提供创业知识、培养创业技能，使其能够识别他人所忽视的机会，具备洞察力、自我评估能力和知识技能，在他人犹豫之时果断地采取行动的过程，并指出创业教育的主要内容包括识别机会、承担风险、整合资源、开办企业、企业规划、筹集资金、市场运作、现金流管理等。进入 21 世纪之后，创业教育的内涵更集中在对学生新想法、新观点、新视角、新思维的培养上，美国创业教育联盟（The Consortium for Entrepreneurship Education，2015）将创业教育的核心知识概括为在生活中识别创业机会的能力、通过产生新想法和凝聚资源追逐机会的能力、创办和运营新企业的能力、创造性和批评性思考的能力。

相比之下，我国高校的创业教育开始较晚，始于 1998 年清华大学学生发起并主办的首届"创业计划大赛"，以及率先为 MBA 和全校本科生开设的创业管理类课程。进入 21 世纪之后，我国开始举办各类创业类竞赛，而教育部也开始引领各高校开展创新创业教育试点工作，我国高校创新创业教育进入了教育行政部门引导下的多元探索阶段。创业教育在我国的实践过程中，多和创新创业竞赛、创业项目指导、大学生自主创业、以创业带动就业关联在一起，有关创业教育的实践更多的是一种围绕竞赛获奖目标、公司创办目标、就业率提升目标的高目标导向性指导类活动，而不是一种成学科体系的知识、认知、技能培养类活动。中国高等教育学会（2009）对我国创新创业教育的定义从广义上讲是关于创造一种新的伟大事业的教育实践活动，从狭义上讲则是关于创造一种新的职业工作岗位的教学实践活动，该定义的重心在于强调事业创造和职业岗位创造。一些研究中美创业教育差异的学者也发现这一问题，克沃克（Kwock，2013）指出美国高校创业教育侧重发展学生创业技能，鼓励学生在高成长性行业中创业，而中国创业教育实践项目的目标更侧重于鼓励学生开办公司，提高其在某些领域的创新能力和国家竞争力，以及解决日益突出的大学生失业问题。

随着越来越多的国内学者和教育者对西方创业教育体系的借鉴和实践，我国的创业教育体系也逐步趋于完善。教育部在 2012 年发布的《普通本科学校创业教育教学基本要求（试行）》中对我国创业教育的实施原则、核心内容、教育目标进行了明确界定，指出应按照"面向全体、注重引导、分类施教、结合专业、强化实践"的原则，以"课堂教学、课外活动与社会实践"为主要教学方式，围绕"教授创业知识、锻炼创业能力、培养创业精神"为核心内容，最终达到"使学生掌握创业基础知识和基本理论，熟悉创业基本流程和基本方法，了解创业的法律法规和相关政策，激发学生的创业意识，提高学生的社会责任感、创新精神和创业能力、促进学生创业就业和全面发展"的教育目标。

三、就业创业教育的融合

在早期我国高校有关就业和创业的教育活动中，就业教育和创业教育是相互分离的，就业教育更多地归属在高校辅导员和大四实训课教师对毕业生的就业指导工作中，其指导目的在于提升高校学生就业率和就业质量；而创业教育一般和创新创业竞赛项目指导关联在一起，更多地以"学科教师+学生团队"的模式展开，其指导目的在于通过区域或全国性竞赛扩大公司影响力、获得社会创业资本的关注，从而做大做强创业项目并获得盈利。然而，从就业与创业的本质来看，它们都是大学生职业选择的一种方式，都属于职业发展规划范畴，相互之间具备较强的互促性和联动性。从长远看，就业能为未来创业积累人力、资金、技术资源与经验，而创业实践中锻炼的创造力、独立性、领导力、协作力等技能和素质也能为个体职业发展添砖加瓦。

就业与创业活动在本质上的高关联性，使高校就业教育和创业教育必然逐步由分离走向融合，两者应共同立足于学生职业多样化发展和职业素养的提升，展开科学成体系的就业创业教育，而"就业创业教育"这一表述在《国家中长期教育改革和发展规划纲要（2010—2020年）》中被首次明确提出，随后不同学者开启了针对就业创业教育的融合研究。曹扬和邹云龙（2014）认为广义的就业教育应涉及创业精神和创业能力的培养，而广义的创业教育也应涉及人职匹配和生涯规划，两者的教育目的均应为人生发展所服务。杨晓慧（2015）提出应立足于大学生职业发展视角对就业教育与创业教育进行科学整合，形成集适应性、开拓性、发展性于一体的综合教育实践活动。崔伟（2019）提出了应兼顾专业、职业、就业、创业四者协同教育来考虑不同教育的实施途径，以就业为导向开展大学生创业教育，以职业能力为基础实施就业指导教育，以人才市场动态需求趋势为导向开展就业创业指导。

四、就业创业指导体系

自 2010 年以来，就业与创业教育的融合趋势日渐明晰，制定出一套既科学又能因地制宜指导学生就业创业实践的指导体系已成为各大高校思考和研究的方向。田雷（2012）提出就业创业教育体系应从内容体系、运行机制、实施途径三个关键环节着手构建，其中内容体系包含就业创业相关知识系统、技能系统、情感系统、行为系统的构建，运行机制推荐采纳现代德育学分制，实施途径可采用嵌入专业人才培养方案、开发专门化就业创业教育课程、在通识课中落实以就业创业能力培养为本的隐性课程内容等方式。杨晓慧（2015）认为大学生就业创业教育体系大致包含课程体系、支持体系、评价体系三大模块，其中课程体系包含广谱式、专业式、融入式三类就业创业课程设置，支持体系包含政策、师资、平台、产学合作支持，评价体系包含评价模式、评价方法、评价策略和评价指标的构建。秦波（2017）提出高校就业创业指导体系建设应注重以学生发展、市场变革、社会需要为导向，突出内容系统化、方式多样化、师资专业化、操作多方化、平台网络化特征。吴岩（2017）认为指导教师队伍的建设是我国高校就业指导体系构建的重点，应构建一批能根据人才市场需求、行业及经济形势、政策引导等因素而灵活定制职业指导内容和手法的人才指导队伍。宿钦静和钟新文（2020）立足于内生竞合、开放协同、系统多样和要素创新四个角度，提出应从组织平台、服务平台、智慧平台、生态环境四个维度构建高效就业创业服务体系。杨启浩（2020）认为高校就业创业体系的健全应结合时代和社会需求，把行业中的新成果、新技术融入到授课计划和教学工作中，并围绕就业创业教育工作构建实践交流平台、毕业生就业创业信息化系统和就业创业指导绩效考评机制。

从我国学者对高校就业创业指导体系的界定和提议的演进趋势中可以看出，第一，与各专业人才培养方案紧密结合的就业创业课程教学体系是高校就业创业指导内容建设的核心；第二，专兼结合、洞悉前沿、产教互动的指导师资体系是高校就业创业指导服务质量提升的保障；第三，社会主体多方参与、形式多样、主题聚焦、开放协同的大学生就业创业指导实践活动体系是高校就业创业教育生态形成的条件；第四，开放共享、互联互通、实时更新的就业创业指导数字化平台是高校就业创业指导体系高效运作的关键；第五，科学合理、机制健全、指标多元的就业创业绩效评价体系是实现高校就业创业指导工作持续优化、师资就业创业指导能力持续提升、学生就业创业质量持续提高的重要抓手。因此，本书在借鉴多位学者的定义后，认为一个结构相对完整、普适性较高的高校就业创业指导体系，应包含就业创业课程教学的建设、就业创业实践活动的组织、就业创业指导师资的培育、就业创业服务平台的搭建、就业创业指导评价体系五大部分，而针对成渝高校而言，将双循环新发展格局与成渝地区双城经济圈对地方人才的动态需求有机融入上述五部分就业创业指导构建环节，才能形成随时代变化而不断迭代的指导系统，为成渝地区经济发展提供有力支撑。

第三节　国内外研究综述

一、国内就业创业指导的研究综述

由于我国高校将就业指导与创业指导教育教学活动置于同一框架下进行研究和实践大致始于 2010 年，本书便以 2010 年作为文献梳理的起始点，选择中国知网（CNKI）作为文献搜索引擎，文献发表时间区间选定为 2010 年 1 月 1 日至 2023 年 4 月 14 日，以"就业创业指导"进行主题词检索，共检索出相关中文文献 1 187 篇，剔除新闻资讯、书评、期刊广告以及标题和关键词未涉及就业创业融合研究的文献后，与本书研究主题强相关的期刊论文共 689 篇。本章节利用 CiteSpace6. 2. R2 引文可视化分析软件，基于时空分析法，重点针对这 689 篇就业创业指导主题文献的分布特征和演进趋势进行分析，通过研究文献的时间分布特征、学科分布特征、地域分布特征、关键词共现与突现特征、主题聚类的时间演进特征，剖析国内就业创业指导研究领域的发展速度、发展阶段、发展动向和研究热点。

（一）国内就业创业指导研究文献的分布特征

1. 时间分布特征

该研究领域在时点上的发文量变化在一定程度上反映了研究主题在不同时期的受关注程度和发展趋势。图1-1总结了2010—2023年国内就业创业指导相关中文论文发表趋势，柱状图代表每年的发文量，趋势曲线代表每年的发文增速的变化。由于2023年的数据仅采集到4月14日，不包含全年数据，因此2023年的发文量和发文增速数据仅作为发文趋势预测参考，不纳入特征判断。

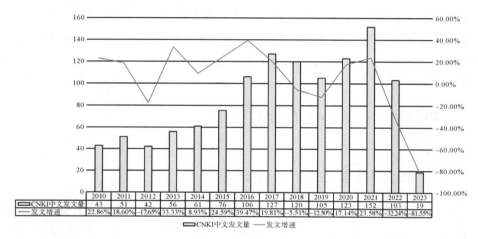

CNKI中文发文量	2010	2011	2012	2013	2014	2015	2016	2017	2018	2019	2020	2021	2022	2023
CNKI中文发文量	43	51	42	56	61	76	106	127	120	105	123	152	103	19
发文增速		22.86%	18.60%	-17.65%	33.33%	8.93%	24.59%	39.47%	19.81%	-5.51%	-12.50%	17.14%	23.58%	-32.24%	-81.55%

图1-1　2010—2023国内就业创业指导相关文献发表趋势

数据来源：中国知网（www.cnki.net）

虽然我国的就业创业融合研究起始于2010年，但在之后的几年，关于就业创业融合研究的发文量一直维持在年均50篇左右，并未有爆发性的增长，然而在2016—2017年，发文量迅速攀升至100篇以上，在2019—2021年又迎来第二次发文高峰，随后相关研究发文量开始回落。可以看出，关于就业创业指导的研究高峰出现在2017年和2021年，刚好这两个时间节点分别是我国"十三五"规划和"十四五"规划提出附近，其中，2017年刚好是进入"十三五"时期后，推进我国供给侧结构性改革的深化之年，而2021年则是进入"十四五"时期后双循环新发展格局的布局之年。伴随着我国阶段性经济和产业发展重心的变化，促进就业创业的规划性文件也在这两个时间节点频繁出台，比如2017年1月国务院常务会议审议通过《"十三五"促进就业规划》、2017 年 7 月国务院印发《关于强化实施创新驱动发展战略进一步推进大众创业万众创新深入发展的意见》、2021 年 8 月国务院印发了《"十四五"就业促进规划》、2021 年 10 月国务院办公厅发布的《关于进一步支持大学生创新创业的指导意见》等。鉴于我国一直以来在就业创业领域的政策导向性较强，相关研究的发文主峰与规划政策提出时间节点同步，在一定程度上体现出高校在该领域的研究对政策变动反馈的即时性较强。

2. 学科分布特征

按文献所属学科进行统计（见图 1-2），发文占比排行前五的学科分别是高等教育、职业教育、人才学与劳动科学、宏观经济管理与可持续发展、企业经济，其占比分别是 57.27%、15.53%、7.8%、7.67%、4.73%，可见我国关于就业创业指导的相关研究主要集中在高等教育和职业教育领域，说明我国现阶段对就业创业的研究还是针对解决高校学生就业创业与职业生涯规划培养问题。同时，就业创业与人才与劳动力市场、宏观经济稳定与就业保障、企业人力资源管理息息相关，因此就业创业研究与人才学、宏观经济、企业经济相关学科有较大的交叉关联。除此之外，我国在农业、计算机、医学、行政等领域的就业创业指导研究相较于其他非教育类学科更为突出。

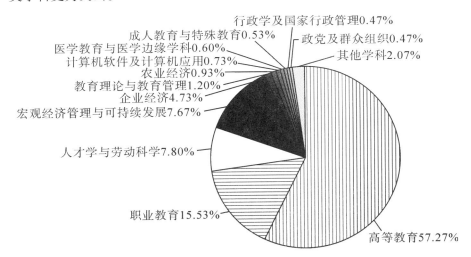

图 1-2　2010—2023 年国内就业创业指导相关文献所属学科分布

数据来源：中国知网（www.cnki.net）

3. 地域分布特征

图1-3按我国省级行政区对179篇与就业创业指导强相关的研究文献发文机构按所属地进行了分类，并按发文量进行了排序，发现就业创业相关论文发表数量较多的地区集中在我国东北地区，河南省、江苏省、北京市、湖南省、广东省等省市区的相关研究也相对活跃。相比之下，以成渝地区为代表的我国西部地区对就业创业指导的融合研究文献发表较少。在文献内容上，重庆地区高校的研究主要集中于就业与创业指导和职业生涯规划等就业创业指导课程的教学研究领域，而成都地区的研究主要集中在思政教育和就业创业指导教育的融合、高职院校就业创业指导工作优化提升以及高职院校大学生就业竞争力提升等领域，但发文较为活跃的东北、长三角、珠三角等地区更侧重于对高校就业创业指导的整体设计、创新设计层面进行研究，以应对新常态下的大学生就业创业环境变革和适应性提升。可见，成渝地区的相关研究在内容的新颖性和对经济政策敏感性方面较弱。

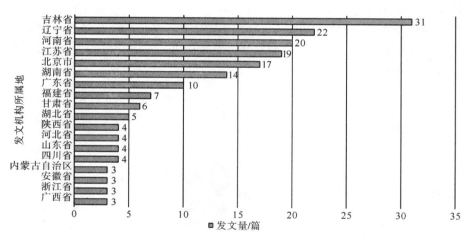

图1-3　2010—2023年国内就业创业指导相关文献发文机构所属地域分布

数据来源：中国知网（www.cnki.net）

（二）国内就业创业指导研究重点的演进趋势

1. 研究关键词共现与突现分析

共现分析包含词频和共词分析，词频是指所分析文献中词语出现的次数，共词分析则指对一组词两两统计它们在一组文献中出现的次数，再通过共现次数来测度它们之间的亲疏关系。而突现分析是在词频分析基础之上，检测频次变化率高和频次增长速度快的突变词。对文献关键词的共现与突现分析有助于较为全面和深入地挖掘该领域的发展动向和研究热点。因此，本节使用 Citespace 软件对 2010 年 1 月至 2023 年 4 月期间 CNKI 数据库中的就业创业指导相关文献关键词进行共现与突现分析，以每年作为一个时间切片，选用寻径网络算法（Pathfinder）和对合并后的共现网络进行裁剪（Pruning the mergerd network）的方式生成图 1-4 所示的关键词共现网络图谱，共呈现 346 个网络结点、769 条连线，密度为 0.0129，网络模块化的评价指标（Modularity Q）为 0.8641，这意味着该共现网络图谱聚类较好，网络模块结构是显著的。

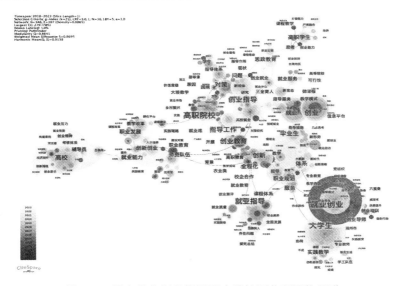

图 1-4　国内就业创业指导研究关键词共现网络图谱

从图 1-4 中可见，就业创业、大学生、高校、就业指导、高职院校这五类关键词节点较大，在文献所涉关键词中的出现频数位居前五（见表 1-2），说明我国就业创业指导的实践对象集中于高校大学生群体，其中针对就业指导领域的研究与高职院校关联性更为密切，在一定程度上反映了高职院校相较于普通本科院校更重视对学生就业指导工作的研究，在相关领域的研究数量更多。

表 1-2 就业创业指导研究频次大于 10 的关键词

排序	关键词	频次	排序	关键词	频次
1	就业创业	177	12	指导工作	14
2	大学生	109	13	毕业生	13
3	高校	63	14	创新创业	13
4	就业指导	57	15	教学改革	13
5	高职院校	49	16	职业规划	12
6	就业	45	17	创业教育	11
7	创业	44	18	对策	11
8	创业指导	33	19	职业发展	11
9	创新	29	20	思政教育	10
10	新媒体	29	21	辅导员	10
11	指导	22			

　　针对这五类词频数最高的关键词逐一分析其临近节点，可以深入分析五大知识节点的延伸研究领域。第一，与"就业创业"节点有共引关系的临近节点包含指导课程、就业规划、择业观念、指导能力、体系、专业技能、教学实践、创业导师、培养途径，说明相关文献对就业创业指导的融合研究侧重于就业创业课程体系、职业规划与创业辅导师资的指导能力、学生择业观变化、学生专业技能培养。第二，与"大学生"节点有共引关系的临近节点包含实践教育教学、专业教师、学工队伍、课程、教学实效、影响因素、价值观念、全人教育、协同、优化策略、完善策略，说明相关文献对大学生就业创业指导的研究侧重于从人本主义教学观出发，关注影响大学生就业创业的因素、大学生就业观与创业观的变化以及指导策略的优化与完善。第三，与"高校"节点有共引关系的临近节点包含实战性、培养机制、辅导员、体系构建、创业意识、经济回升、构建原则，说明立足于高校层面的相关研究文献侧重于探究学校内部组织构建、运行规律、制度建设上对就业创业工作的支撑，在教学主体上更重视辅导员指导工作的改进，在教学客体上更重视学生创业意识形态的培养。第四，与"就业指导"节点有共引关系的临近节点包含导向作用、职业素养、职业

规划、创业测评、立德树人、创新意识、课程体系、学业指导、专业素质、全面发展、就业心理，这些临近节点从侧面反映了创新创业观已成为学生就业指导工作中的一部分，同时说明了我国在就业指导研究中除了重视对职业素养、职业规划、专业素质等就业技能的探索，还因课程思政的普及，逐步重视对立德树人、全面发展、心理健康等要素对学生就业与职业发展的影响研究。第五，与"高职院校"节点有共引关系的临近节点包含课堂教学、乡村振兴、课程建设、分层分类、优化路径、就业难、产业融合、就业市场、就业观，可以看出高职院校对就业创业研究的重点侧重于相关课程开发、课堂教学模式和指导路径的创新，对学生就业创业领域的导向更偏向于乡村创业带动就业以及产业融合发展形态下的就业指导实践，而其主要困境在于高职学历限制造成的高质量就业难问题。

在图 1-4 基础上，使用 Citespace 的 burst detection 功能探测在某一段时间引用量有较大变化的关键词，从而挖掘就业创业指导相关主题兴起与衰落的规律。为了兼顾关键词在当前时间段出现频率和历史平均出现频率，同时侧重考察其历史平均出现频率的变化，故将 Burstness 中的 γ 值设为 0.8，得出的关键词突现强度和突现时间区间如图 1-5 所示。从突现时间来看，2010—2013 年，就业创业指导领域更偏重于对创业教育、职业教育以及相关课程体系的研究；2014—2015 年，从前期对创业指导的研究转向同时对创业和就业双重领域指导工作的关注；2016—2017 年，学者们开始重视就业创业师资队伍的建设研究；2020—2023 年，学者们对于就业创业的融合研究才开始突现，同时学者们也开始重视三全育人和思政教育在就业创业指导中的开展。从突现强度来看，12 个突现关键词中，突现强度最大的三个关键词为"创业""就业"和"就业创业"，其强度值分别为 6.4、4.76 和 5.61，远高于所有突现词的平均强度 3.3，再结合时间线可以看出，学者们在 2015 年之前更偏向于对创业指导的研究，到 2020 年之后才开始重视将就业与创业放在一个统一的框架中，立足于就业创业的关联性，思考相关工作的发展内涵、指导对策与实施方法。

Top 12 References with the Strongest Citation Bursts

References	Year	Strength	Begin	End	2010–2023
创业教育	2010	3.16	2010	2015	
职业教育	2010	2.37	2010	2013	
课程体系	2010	2.23	2010	2014	
创业	2010	6.4	2012	2015	
就业	2010	4.76	2012	2015	
对策	2012	2.25	2012	2015	
就业指导	2010	2.96	2013	2014	
教学	2013	2.74	2013	2015	
师资队伍	2016	2.24	2016	2017	
就业创业	2011	5.61	2020	2021	
三全育人	2020	2.68	2020	2023	
思政教育	2018	2.31	2020	2023	

图 1-5　国内就业创业指导研究关键词引用突现

2. 研究主题聚类演进分析

为了基于关键词聚类的时间变化趋势，深入探讨就业创业相关研究的演进趋势，本节在关键词共现图谱中产生的 14 个关键词聚类基础上进行时间线图分析，得出如图 1-6 所示的 14 条时间线，分别表示就业创业指导研究领域的 14 个主题聚类在 2010—2023 年的研究文献数量、研究主题、研究侧重点的变化趋势。

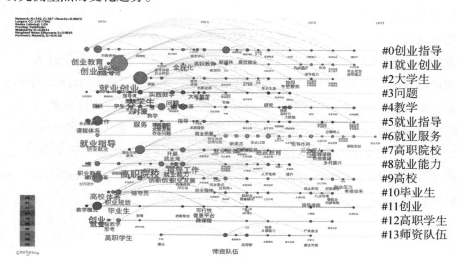

#0创业指导
#1就业创业
#2大学生
#3问题
#4教学
#5就业指导
#6就业服务
#7高职院校
#8就业能力
#9高校
#10毕业生
#11创业
#12高职学生
#13师资队伍

图 1-6　国内就业创业指导研究时间线

对 2010 至 2023 年间强关联主题文献聚类进行演进分析，发现关键词连线较为密集的聚类有 "#3 问题"、"#7 高职院校""#8 就业能力""#9 高校"。其中 "#3 问题"聚类里的文献在 2010 至 2020 年间重点研讨了高校就业创业指导人员专业发展存在的困境、就业创业政策指导与具体措施脱节现象、大学生就业创业指导保障体系不健全现象、就业创指导缺乏必要理论研究现象、就业创业指导教学的实践性和针对性不足现象、就业服务的科学性和系统性不足现象、大学生自主创业工作机制不完善现象，并于 2016 年开始频繁提出健全高校就业创业指导体系构建的必要性。"#7 高职院校"聚类里的文献从 2015 年开始便关注于对大学生就业观、职业素养、地域文化、生源、人才定位、教育软环境建设等方面的研究，演进到 2020 年之后就尤其关注三全育人、思政教育、乡村振兴、就业观与产业融合在就业创业指导工作中的作用。"#8 就业能力"聚类里的文献在 2010 至 2013 年间从单纯地关注以校内教学改革和课程建设来提升就业能力，到 2014 年起逐步提出将高校教育教学与人才市场需求结合来提升就业能力，再到 2016 年提出重视择业教育，并将全程化、全员化的协同创新理念引入就业创业指导课程中，将合作学习理论与互联网时代背景相结合研究大学生就业能力提升路径。"#9 高校"聚类里的文献在 2013 年左右较为关注高校辅导员在就业创业工作中的重要作用，在 2015—2020 年便更多转为关注高校就业创业体系的构建原则、构建方法、培养机制、指导策略等整体性构架，2021 年之后则开始根据新时期就业形势的复杂性，研究就业创业工作的优化措施和创新路径。

对进入"十四五"时期后发表的文献关键词进行聚类分析，发现可从 14 个主题聚类中提取出五类研究关注点。第一类是对时代特征的关注，相关文献对现阶段微时代、数智化时代、信息化时代三大特征对就业创业指导工作的影响尤为关注；第二类是对体系建设的关注，分为培养体系和服务体系的构建研究，培养体系研究重点在于如何针对大学生就业创业意识、意愿、价值观、心理品质、实践能力等方面组建一套系统化的培养方案，而服务体系研究重点在于如何围绕培养目标构建涵盖组织制度体系、课程体系、产教协同指导体系、实践交流平台、信息提供平台、家校沟通平台的全方位的高校就业创业服务系统；第三类是对指导主体与客体的关注，即对师资供给和学生需求的研究，针对师资方面的近期研究较为关注就业创业协会等社会组织的参与途径，以及指导教师行业实践背景和教学实践能力水平，而针对学生方面的近期研究则从以往的就业创业技能培养转为对就业创业观、社会责任意识、职业兴趣、人岗匹配度、心理问题、就业压力舒缓等方面的关注；第四类是对思政融入就业创业教育的关注，包括对思政融合机制、三全育人实践、乡村振兴等方面融入就业创业指导过程和结果的探索；第五类是对指导策略的关注，其中对慢就业策略、协同指导策略、智能指导策略的研究尤为突出。

二、国外就业创业指导的研究综述

为了与国内就业创业指导研究方向进行同时期对比，本书继续以 2010 年作为文献梳理的起始点，选择全球最大的同行评审期刊文摘和引文数据库 Scopus 作为外文文献搜索引擎，文献发表时间区间选定为 2010 年 1 月 1 日至 2023 年 4 月 14 日，用"college""career and entrepreneurship""employment and entrepreneurship""education""guidance"等外文关键词对"就业创业指导"这一中文关键词进行替换并进行组合检索，针对论文标题、摘要、关键词同时检索出相关外文文献 279 篇。利用 CiteSpace6. 2. R2 引文可视化分析软件，基于时空分析法，通过研究文献的时间分布特征、学科分布特征、地域分布特征、关键词共现与突现特征、主题聚类的时间演进特征，剖析国外就业创业指导研究领域的发展速度、发展阶段、发展动向和研究热点。

（一）国外就业创业指导研究文献的分布特征

1. 时间分布特征

图 1-7 总结了 2010—2023 年就业创业指导相关外文论文发表趋势，由于 2023 年的数据仅采集到 4 月 14 日，不包含全年数据，因此 2023 年的发文量和发文增速数据仅作为发文趋势预测参考，不纳入特征判断。

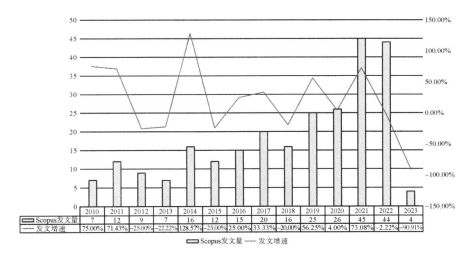

	2010	2011	2012	2013	2014	2015	2016	2017	2018	2019	2020	2021	2022	2023
Scopus发文量	7	12	9	7	16	12	15	20	16	25	26	45	44	4
发文增速		75.00%	71.43%	-25.00%	-22.22%	128.57%	-25.00%	25.00%	33.33%	-20.00%	56.25%	4.00%	73.08%	-2.22%	-90.91%

□ Scopus发文量 —— 发文增速

图 1-7　2010—2023 国外就业创业指导相关文献发表趋势

数据来源：Scopus 数据库（www.scopus.com）

就业创业指导相关外文文献在选定的 13 年间，发文量呈阶梯式抬升。2013 年以前，每年的相关文献发文量很难高于 10 篇，2014—2020 年发文量有所提升，维持在每年 10 ~ 25 篇，直到 2021 年之后，研究就业创业的外文文献突然增多，达到年均 40 篇以上。从选取时间段的发文总量上看，外文文献在高校就业创业指导领域的融合研究数量并不多，相比之下，在学生职业发展教育和创业教育这两大领域的研究文献同时间段发文数量均突破 11 000 多篇。从同领域不同重点的发文量差异可以看出，国外高校对相关领域的研究视角和路径与国内有很大差别，国外更多地将就业创业指导与学科教育、人生教育关联在一起，就业创业指导更强调学生的个人生命价值和个性发展，而不特别强调将就业教育和创业教育置于一个整体框架下进行研究。

2. 学科分布特征

按文献所属学科进行统计（见图 1-8），发文占比排行前五的学科分别是工程学、计算机科学、社会科学、商业管理和会计、心理学，占比分别是 21.99%、18.29%、16.9%、11.11%、5.79%，可见国外关于就业创业指导在学科专业上的分布相对分散，并未像国内一样集中于教育学领域，反而文理分布较为均匀。其中，以工程学和计算机科学为代表的工科类学科占 40.28%，以社会科学、心理学、商学、经济学为代表的人文社科类学科占 39.12%，这在一定程度上反映出外文文献在对就业创业融合研究领域更重视不同学科专业人才的就业创业特性，而不只是站在教育学视角研究就业创业教育活动及其规律的共性。

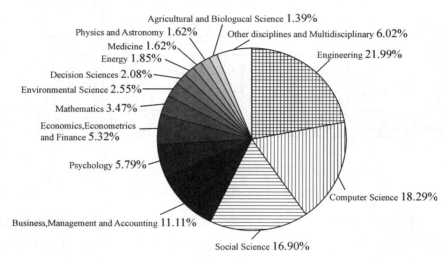

图 1-8　2010—2023 年国外就业创业指导相关文献所属学科分布

数据来源：Scopus 数据库（www.scopus.com）

3. 地域分布特征

图 1-9 按国家和地区对所选 279 篇外文文献的发文机构所属地进行分类，并按发文量排序，发现在就业创业融合研究领域，近 50% 的外文文献为我国学者发表，说明近十年我国学者在该领域的研究成果及其影响逐渐外扩。然而结合文献内容和学科特征来分析，发现以美国为代表的发达国家和地区更偏向于对工程学、高新科技领域的创业指导教育进行研究，更注重以未来产业发展趋势为导向思考大学生就业创业问题；而以中国为代表的部分发展中国家和地区更偏向于站在高等教育和社会就业供给的角度，将就业创业指导纳入通识教育模块进行研究，更注重解决不同层次、不同性别人才的就业质量提升问题。

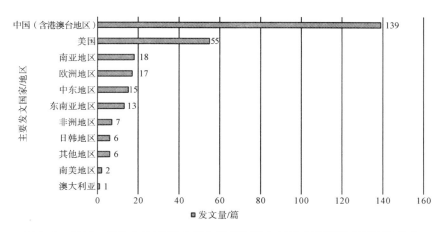

图 1-9　2010—2023 年国外就业创业指导相关文献发文所属国家级地区分布

数据来源：Scopus 数据库（www.scopus.com）

（二）国外就业创业指导研究重点的演进趋势

1. 研究关键词共现与聚类分析

本节使用 Citespace 软件对从 Scopus 数据库中条件检索出来的 279 篇就业创业指导相关外文文献关键词进行共现与聚类分析。以一年作为一个时间切片，选用寻径网络算法对合并后的共现网络进行裁剪，产生 405 个网络结点、2103 条连线，其密度为 0.0275，网络模块化的评价指标（Modularity Q）为 0.8517，这意味着该共现网络图谱聚类较好，网络模块结构是显著的。由于关键词结点和连线重叠较多，为更好展现关键词共性，图 1-10 隐去了关键词节点，只标注了基于 LLR 对数极大似然率算法得出的 18 个关键词聚类标签，以体现 2010—2023 年相关外文文献的重点研究主题及其相互引用关系。其中共引关系最密切的聚类主题有 "#0 professional education" "#2 education computing" "#3 entrepreneur" "#10 economics" "#15 employment"，即职业教育、教育可计算化、企业家、经济状况、就业。

图 1-10　国外就业创业指导研究关键词共现网络与聚类图谱

采用 Citespace 软件的 Cluster Explorer 功能对图 1-10 中共引关系最密集的五个聚类进一步分析，进而发现在"#0 职业教育"聚类下，高频研究方向包括课程研究、生涯教育、创新创业教育、主动性人格研究；在"#2 教育可计算化"聚类下，高频研究方向聚焦于创业指导领域，包括对创业教育、创业环境、创业意向、企业模拟游戏的研究；在"#3 企业家"聚类下，高频研究方向集中于工程学科，尤其是电子工程领域，同时还很注重对大学生就业准备、师资建设、以及企业人道主义的研究；在"#10 经济状况"聚类下，高频研究方向包括社会契约理论的应用、需求分析、产业联动、公共政策；在"#15 就业"聚类下，高频研究方向主要有人才培养、技能培养、职业发展、合作学习、实践学习，主要研究方式为路径分析和回归分析。

2. 研究主题聚类演进分析

将图 1-10 中的聚类图谱转换为时间线图谱，可以得出 18 条时间线，分别表示该领域 18 个主题聚类从 2010 年至 2012 年的外文文献数量和研究侧重点的变化趋势，如图 1-11 所示。可以发现，进入"十四五"时期以来，外文文献在就业创业指导领域的研究呈现三大趋势，一是关注就业创业教育数字化趋势，比如注重研究互联网、神经网络、大数据挖掘、人工智能等技术融入就业创业指导的路径和模式；二是将认知科学相关理论应用于就业创业指导实践，比如越来越重视对职业认知、职业态度、职业焦虑、感知决策等大学生就业创业认知层面的教学实践；三是关注社会文化因素对就业创业的影响，比如注重研究商业及社会环境的变迁和可持续性，以及性别差异对职业选择和发展的影响。

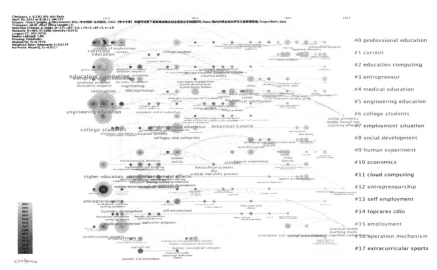

图 1-11 国外就业创业指导研究时间线

第二章 "双循环"背景下成渝地区就业创业发展态势

第一节 成渝地区就业创业政策导向

2020 年是"双循环新发展格局"和"成渝地区双城经济圈建设"提出的元年，而同样也是从 2020 年初开始，新冠疫情在我国境内快速扩散传播。在 2020—2023 年，我国多地的社会生产和经济秩序受到疫情的影响，导致高校乃至整个社会的就业创业活动无法正常开展，而与此同时我国又面临着国内尚未解决的中长期结构问题以及国际复杂的多边局势变化，在人才市场自由调节机制这只"看不见的手"受到了疫情反复干扰无法高效运作的情况下，就业创业政策这只"看得见的手"对就业创业市场健康发展的作用便尤为重要，它能对在疫情中失调的就业创业资源起到引导、调控、分配的作用。

2021 年印发的《成渝地区双城经济圈建设规划纲要》针对促进成渝人才高质量就业创业作出了重点突出的战略规划。首先，在人才就业方面，重点突出建立相关政策以有效实现成渝区域内人才自主流动、境外优质专业人才引进、公共就业综合服务平台品牌建设、川渝农民工就业规范化发展以及灵活就业人员权益保障；其次，在创业引导方面，重点突出借助创业资本市场功能促进区域内创业投资、创业资本管理、创业企业技术应用升级，借助商会与企业平台引导川商渝商回乡创业，借助区域内校企及产业协同机制打造实训基地、创业孵化基地与平台；最后，在职业指导方面，重点突出针对境外专业人才执业制度的建立以及境外机构的职业指导事业的设立，完善集体经济组织人力资源的培育开发机制，打造具备川渝特色的职业教育基地和职业技能大赛。本节将对上述纲要自其印发日起至2023 年 6 月，双城经济圈内各行政区发布的与就业创业相关的政策文件进行梳理，并基于"双循环"新发展格局的宏观背景对成渝就业创业政策态势进行解读。

一、2020—2023 年成渝地区就业创业政策梳理

（一）重庆地区就业创业政策梳理

重庆地区是指成渝地区双城经济圈规划范围中围绕重庆中心城区划定的 27 个区（县）以及开州、云阳的部分地区，其中的 27 个区（县）具体包含重庆中心城区所辖的 9 个市辖区以及万州、涪陵、綦江、大足、黔江、长寿、江津、合川、永川、南川、璧山、铜梁、潼南、荣昌、梁平、丰都、垫江、忠县 18 个区县。表 2-1 对适用于上述行政区的就业创业政策主要内容进行了梳理，剔除了部分实施时间较短、持续性不长的短期就业创业政策和行动措施。

表 2-1　2021 至 2023 年重庆地区就业创业主要政策一览

发文机构	发布日期	文件	主要内容
重庆市就业工作领导小组办公室	2023 年 6 月	《促进高校毕业生等青年就业创业工作方案》	重点任务包括中小微企业吸纳毕业生就业政策落实行动、公共部门稳岗扩岗行动、高校毕业生等青年创业服务支持行动、"职引未来"系列招聘行动、公共就业服务进校园行动、离校未就业毕业生服务攻坚行动、青年就业能力提升行动、就业困难结对帮扶行动、智慧就业促进行动、就业权益护航行动共十项行动35 条具体措施

表2-1（续）

发文机构	发布日期	文件	主要内容
重庆市人力社保局	2022年12月	《全市人力社保领域应对新冠疫情影响若干措施》	措施覆盖援企稳岗就业、维护劳动关系和谐稳定、人事人才服务工作、人社经办服务优化四个方面，共计19条具体措施，主要突出对高校毕业生等重点群体的就业创业帮扶，对失业人员的生活保障，对新就业形态劳动者权益的维护及争议处理，优化医疗卫生机构人员招聘政策，大力推行线上技能培训、线上高级研修、线上业务办理等"不见面"服务
重庆市人力社保局	2022年12月	《关于促进失业人员就业创业的通知》	措施包括畅通失业救助渠道、精准化失业帮扶服务、支持提升就业能力、引导用人单位优先吸纳符合条件的失业人员、支持自主创业和灵活就业、强化困难人员援助兜底、强化疫情影响严重地区就业帮扶七大方面
重庆市政府办公厅	2022年8月	《关于进一步支持大学生创新创业的实施意见》	主要任务包括从人才培养设计、师资队伍建设、培训质量提升、联合企业实践育人等方面实施能力提升计划，从创新资源共享、双创大赛品牌提升、双创信息服务平台建立等方面实施平台提质计划，从完善指导服务、改善服务方式、落实保障政策等方面实施服务增效计划，从落实税收费用优惠、强化金融支持等方面实施项目扶持计划，从建立健全成果转化机制和服务体系实施成果转化计划
重庆市人力社保局	2022年8月	《关于推进新时代人力资源服务业高质量发展的实施意见》	重点任务涵盖实施名优企业培育计划、中小企业提质计划、产业创新发展计划、产业平台建设计划、领军人才培养计划、高标准市场体系建设计划六项计划共计22条人力资源服务行动措施
重庆市乡村振兴局	2022年7月	《促进脱贫人口稳岗就业十三条政策措施》	包括鼓励用人单位招用、支持就业载体吸纳、引导外出务工就业、加大创业支持力度、推广以工代赈方式、加强公岗开发管理、深化东西部劳务协作等13条措施

表2-1(续)

发文机构	发布日期	文件	主要内容
重庆市人力社保局	2022年7月	《关于实施稳就业暨百万大学生筑梦行动的通知》	百万大学生筑梦专项计划包括万名事业单位招聘计划、万名大学生基层成长计划、创业加速计划、技能提升计划、就业见习计划、实习实践计划、职业指导计划、万名紧缺急需大学生引进计划、万名卓越工程师培育计划、万名困难大学生帮扶计划
重庆市人力社保局	2022年6月	《关于进一步稳定和扩大就业若干政策措施的通知》	措施包括从降低缓缴社保、降低企业用工成本、返还失业保险、加大金融支持、强化企业用工保障方面稳定市场主体就业岗位,促进高校毕业生、农民工、脱贫人口、困难人员等重点群体充分就业,鼓励多渠道自主创业和灵活就业,从职业培训力度、就业服务质量、供需匹配效率提升上促进公共服务提质增效,从加强劳动权益保障、健全就业监测预警机制方面降低规模性失业风险
重庆银保监局	2022年4月	《金融支持新市民安居乐业实施细则》	在创业就业促进方面提出了提高下沉服务力度、加大重点行业支持、落实创业担保贷款、加强就业创业信贷支持、提高创业就业保障、鼓励银保担合作"一揽子"服务模式等7条措施
重庆市政府	2022年1月	《重庆市就业促进"十四五"规划(2021—2025年)》	规划内容坚持经济发展就业导向、增强创业带动就业效应、完善重点群体就业支持体系、提升劳动者技能素质、健全公共就业服务和人力资源服务业发展体系、持续优化就业环境、防范化解失业风险,以实现就业形势总体平稳、就业质量稳步提升、结构性就业矛盾有效缓解、创业环境持续优化、就业服务更加完善、风险应对能力明显增强的主要目标
重庆市人力社保局	2021年10月	《关于维护新就业形态劳动者劳动保障权益实施意见》	文件从落实劳动者权益保障责任、完善劳动者权益保障政策、提升劳动者权益保障效能、建立齐抓共管的工作机制四方面提出21条措施维护新就业形态劳动者劳动保障权益

（二）成都地区就业创业政策梳理

成都及周边地区是指成渝地区双城经济圈规划范围中围绕成都市这一中心城市划定的四川省内15个市所辖范围，包含成都、自贡、泸州、德阳、绵阳、遂宁、内江、乐山、南充、眉山、宜宾、广安、达州、雅安、资阳，由于上述区域都属于四川省所辖城市，因此表2-2直接对四川省级相关机构发布的就业创业政策进行梳理，部分针对特殊行业特定条件人群的就业创业政策由于适用范围较窄、影响力不涉及大部分地区，因此未整理在以下政策列表中。

表2-2 2021至2023年成都及周边地区就业创业主要政策一览

发文机构	发布日期	文件	主要内容
四川省就业工作领导小组办公室	2022年12月	《四川省大学生就业创业扶持政策清单（2022年版)》	就业扶持政策相较于2021年版的政策清单，在见习补贴范围上扩大到16~24岁的失业青年，明确了对国家级、省级见习基地的奖补金额；新增一次性扩岗补助，提升对自愿到中西部艰苦边远地区服务毕业生的国家助学贷款代偿标准，鼓励大学生参加"2022年公共卫生特别服务岗"；新增开发科研助理岗位；在创业扶持政策方面较2021年变化不大
四川省政府办公厅	2022年12月	《关于进一步支持大学生创新创业的实施意见》	实施意见在大学生双创能力提升方面，提出将双创教育贯穿人才培养全过程、提升双创师资教学能力、加强针对性双创培训；在优化双创环境方面，提出降低双创门槛、完善便利服务、落实保障政策；在双创平台建设方面，提出建强高校双创实践平台、促进示范基地融通发展；在财税扶持政策方面，对省级创业孵化基地予以一次性补助、对高校毕业生在毕业年度内创业予以减税支持；在金融支持方面，简化贷款程序、降低贷款利率、引导社会资本支持，同时在双创成果转化、大赛平台搭建、双创工作保障方面提出了6条措施

表2-2（续）

发文机构	发布日期	文件	主要内容
四川省人力社保厅	2022年6月	《进一步促进高校毕业生等青年就业创业十三条政策措施》	包括鼓励企业吸纳就业、稳定政策性岗位规模、拓宽基层就业空间、支持自主创业、支持灵活就业、提升职业技能水平、开展困难帮扶、提升招聘质效、简化求职手续、加强不断线服务、维护就业权益、压实工作责任等13条措施
四川省地方金融监督管理局	2022年6月	《进一步加强四川省新市民金融服务行动方案》	在支持新市民创业就业促进方面，提出了对重大项目、新市民青年人才、特色劳务品牌等具体项目有针对性地加大就业的金融支持力度，以及提出从实施财政金融互助政策、优化创业担保贷款政策、鼓励双创保险产品及服务三大方面推动创业金融服务提质增效
四川省政府	2022年4月	《进一步稳定和扩大就业十五条政策措施》	主要通过加大援企稳岗力度、减免企业和个体工商户房租、加强对企业的金融支持三大措施保障市场主体稳定就业；通过扩大投资创造就业、鼓励引导企业吸纳就业、支持多渠道灵活就业、政府购买基层服务岗位拓展就业四大措施推动经济社会发展扩大就业；通过加强创业扶持、强化创业载体建设两大措施支持双创带动就业；通过重点解决高校毕业生就业、稳定农民工就业、促进退役军人就业、兜底困难人员就业救助四大措施稳定重点群体就业；通过提高劳动者技能水平、提供精准就业服务两大措施优化就业培训服务
四川省人力社保厅	2022年3月	《关于进一步推进新时代四川人力资源服务业高质量发展的实施意见》	主要包括推动产业集群集聚、强化人力资源服务与产业对接指引、突出跨界融合发展模式的创新驱动服务、加强人力资源服务领域标准化建设以提升供给质量、面向国内外全面提升人力资源服务开放水平、深化成渝地区人力资源协同发展、加强知识产权保护、优化营商环境、壮大产业人才队伍、加大财税金融支持、强化各部门协调统筹

表2-2（续）

发文机构	发布日期	文件	主要内容
四川省人力社保厅	2021年12月	《关于维护新就业形态劳动者劳动保障权益的实施意见》	主要通过落实企业用工责任、规范用工关系、落实平台主体责任三大措施落实劳动者权益保障责任；通过保障平等就业、劳动报酬取得、休息休假、劳动保护、社会保险、职业伤害保障、民主协商等权利以保障劳动者基本合法权益；通过完善信息登记服务、就业创业指导服务、社保经办服务、职能技能提升服务、城建综合服务、文化教育供给服务以优化劳动者权益保障服务；通过健全各部门协同治理机制、工会维权服务机制、争议多元处理机制、全部门联合监管机制以完善劳动者权益保障机制
四川省就业工作领导小组办公室	2021年11月	《四川省大学生就业创业扶持政策清单（2021年版)》	就业扶持政策共22条，其中大学生毕业前扶持政策包括求职补贴、培训补助、困难补助、机关招录、应征入伍、实习基地建设等，毕业后扶持政策包括见习补贴、社保岗位补贴、艰苦地区薪金激励、职称评定、"三支一扶"项目、"大学生支援服务西部计划"、社区就业、学业深造、税收优惠等；创业扶持政策共14条，包括创业及创业培训补贴、科技创新苗子支持、双创赛事获奖支持、创业吸纳就业奖励、创业担保贷款贴息、创业贷款、高素质农民培育等；其他扶持政策6条，包含取消户籍限制、住房保障与安居政策、就业创业指导教师队伍建设、学分管理等
四川省政府	2021年7月	《四川省"十四五"就业促进规划》	在增强经济发展拉动就业能力方面，提出挖掘制造业就业潜力、提升现代服务业就业吸纳能力、拓宽农业农村就业空间和规范新就业形态发展等五类措施；在激发创业带动就业活动方面，提出优化及培育创业环境和载体、丰富创业促进活动等三类措施；在推进重点群体就业方面，提出加强对高校毕业生、农村劳动力、退役军人等人群的就业支持；在增强劳动者获得感方面，提出提高收入水平、完善劳动保障制度、构建和谐劳动关系三类措施；在提升人力资源市场配置效率方面，提出大力发展人力资源服务产业和监管等三类措施；在提升公共就业创业服务能力方面，提出推进公共就业创业服务标准化、智慧化、便民化等三类措施

表2-2（续）

发文机构	发布日期	文件	主要内容
成渝地区双城经济圈高校就业创业联盟	2021年3月	《成渝地区双城经济圈高校就业创业联盟2021年工作要点》	联盟提出在2021年期间搭建"一个平台"、举办"两个论坛"、办好"三个大赛"、实施"四个行动"、健全"五个机制"五大工作要点

二、基于"双循环"背景对成渝地区就业创业政策的解读

双循环新发展格局的形成需要各生产要素重点围绕国内市场进行新一轮重组以及优化配置，进而逐步将我国前几个时期靠外向型经济战略推动的发展格局转变为以围绕国内市场大循环为重的高质量发展格局，而所有推动发展的生产要素中最关键的要素是人才，要让人才这一要素在市场自由配置过程中达成双循环发展所需的质量和结构，则需要一系列定位明确、实施连贯的政策引导和激励。通过梳理2021年以来成渝地区相关政府部门制定和发布的就业创业政策重点，发现进入"十四五"时期之后，在双循环构建背景和新冠疫情的双重影响下，双城经济圈的人才政策态势存在以下特点。

（一）重视高校毕业生、农民工、脱贫人口三大重点群体的就业质量提升

在四川省和重庆市"十四五"时期就业促进相关规划中明确将高校毕业生、农民工、脱贫人口、退役军人和困难群体列入就业创业帮扶的重点群体。从群体数量而言，这五类重点群体中，高校毕业生、农民工、脱贫人口三大群体是成渝地区每年的就业主力军，统筹做好三大重点群体的就业促进工作，就能稳住就业基本盘。因此，在两地多项就业创业政策中，对这三大群体提出的就业创业促进措施数量最多且最为详尽，并重点围绕就业质量提升进行政策制定，因为双循环经济的畅通需要的不仅仅是短期就业率的提升，更是人才要素质量的持续提高。

第一，针对高校毕业生群体高质量就业的政策主要体现在提升政策性岗位的稳定性、提升职业技能水平、提升招聘质效、扩大就业见习规模、维护毕业生就业权益、提供创业提升培训、新增多类双创大赛和项目支持、开拓创新多元化双创服务渠道、予以住房安居保障、提升就业创业指

导师资质量等方面。可以看出，就业领域较为注重维护高质量职位供给的稳定性和提升就业者自身素质提升，而创业领域较为注重增强各类双创平台的项目孵化与项目扶持功能和提升双创大赛品牌的影响力，以打造具有成渝特色的大学生创新创业环境和氛围。

第二，针对农民工群体高质量就业的政策主要体现在加强劳务经纪人队伍建设、完善农民工服务组织体系、提升农民工维权服务质量、建立返乡农民工多维数据监测机制、推出适合农民工就业的劳动密集型项目、积极创建川渝特色劳务品牌以及将区域内从事农业就业创业的大学生纳入高素质农民培育对象。可以看出，成渝地区在稳农民工就业的政策引导上，除了提升现代化人力资源服务机构对农民工群体的服务和维权质量，还契合双循环格局下的数字化转型趋势，推动建立了农民工就业数据监测管理机制，利用大数据平台对农民工群体和对应用工领域进行更高效更精准的对接。

第三，针对脱贫人口高质量就业的政策，重庆地区较成都地区更具针对性，主要体现在分五批持续帮扶带动政策上，劳务协作输出一批、帮扶车间吸纳一批、工程项目组织一批、返乡创业带动一批、公益岗位安置一批，该政策措施的重点在于鼓励最适合成渝脱贫人口的就业领域对这些人进行分批安置，这种分批安置方式为双循环格局下脱贫攻坚与乡村振兴提供了有效实施路径，打通了多渠道结对扶贫的良性循环。

（二）强调以产业对接、跨界融合、对外开放为导向健全人力资源服务体系

对于成渝地区双城经济圈这样的内陆地区，若要全面发挥"人才强省""人才强市"等人才战略对经济双循环的推动作用，需要人才链与产业链的深度融合、产业链条间的人才互动、内陆人才的国际化流动，而要统筹兼顾这三方面的需求，则需要构建一个健全的人力资源服务体系来推动人才资源顺畅流动和有效配置。为加快推进新时代人力资源服务业高质量发展，四川省和重庆市均重点针对产业对接、跨界融合、对外开放三大方向制定了适合各自区域特色的人力资源服务业发展计划。

首先，在人力资源服务产业对接方面，成都及周边地区强调构建"国家-省-市-县"四级联动的人力资源服务产业园发展格局和基于产业应用

场景的对接机制，主要措施包括在成都、泸州、宜宾、绵阳重点打造人力资源产业园，同时构建工业"5+1"、农业"10+3"、服务业"4+6"的供需对接机制。重庆地区则更强调突出人力资源服务机构深度融入制造业产业链、人力资源产业数字化转型和人力资源产业平台建设，主要措施包括围绕制造产业基础高级化、产业链现代化提供精准专业人力资源服务，支持在灵活用工、背景调查、人力资源数据分析和数字化管理服务领域创新应用大数据、人工智能、区块链等新兴信息技术，构建"1+10+N"国家级、市级、区县级三级产业园体系，以及在川渝毗邻地区探索跨省域合作建园模式。

其次，在人力资源服务跨界融合方面，成都及周边地区重点突出"教育+""家政+""医疗+""金融+"等跨界融合发展模式；重庆地区相关政策也支持人力资源服务通过向现代服务业相关细分行业拓展经营范围的方式探索跨界融合模式，重点强调开展与互联网、教育、医疗等行业的跨界合作。

最后，在人力资源服务对外开放方面，成都及周边地区采取"抱团式"策略扩大人力资源服务的开放水平，比如让人力资源服务企业与"走出去"重点企业建立"结对式"关系，抱团开拓国际市场，又比如建立成都国家人力资源服务出口基地以发展离岸外包服务，并重视开拓共建"一带一路"国家的市场；重庆地区采取"走出去+引进来"的策略开展人力资源服务对外交流合作，即引导市内优质人力资源服务机构在境外设立分支机构，同时引进一批国外信誉度高、专业化程度高、高端服务能力强的人力资源服务机构在市内设立分支机构或合资企业，并按"一事一议"原则给予政策扶持。

（三）注重新就业形态和新用工形式的规范化发展

双循环新发展格局较以往更注重国内经济大循环，而畅通国内大循环的关键便在于保障并扩大内需，然而自进入双循环发展时期以来，由于受新冠疫情的暴发和国际贸易保护主义的盛行等多种国内外因素的共同影响，我国各产业中传统职业岗位的就业面缩窄。但与此同时，由于新一轮科技革命的推动，曾经较为小众的新就业形态和新用工形式在双循环背景下开始逐步成为大众就业选择，比如快递员、外卖员、网约车驾驶员、短视频主播等依托于互联网平台经济的灵活就业劳动者数量大增，这些新就业形态创造了大量岗位、拓宽了就业渠道，极大地保障了双循环背景下保内需、稳就业的需求。

高质量的新就业形态和新用工形式的多样化发展是双循环新发展格局形成的重要环节之一，但现阶段新就业形态面临收入不稳定、服务保障不全面等诸多实际问题，因此，成渝地区在维护新就业形态劳动者的劳动保障权益方面提出了多项政策措施。相关政策的重点在于推进对新就业形态的全面规范化管理，一是对新就业形态的用工责任、用工关系、平台主体责任进行规范；二是对就业门槛的公平性、劳动报酬与劳动时间的合理性、劳动安全的保障性进行规范；三是对公共服务保障劳动者权益的渠道和方式进行规范。

（四）持续推动和扩大创业带动就业的倍增效应

从"十四五"时期开始至今，加大对创业的支持力度，尤其是对高校大学生、农民工等重点群体的创业扶持措施几乎贯穿在成渝地区发布的各项就业创业政策文件中，但其较以往时期的侧重点有了一定调整。以往的文件中更强调对"创业促创新"的支持，而在2021—2023年的相关文件中，除了将创新与创业一并提及以外，还更多地提及了"增强创业带动就业效应"，并且在诸多围绕大学生创新创业制定的赛事和项目扶持政策中，也将"创业吸纳就业能力"作为实施创业帮扶的重要考量标准之一。

（五）着力推进公共就业创业服务的标准化、精准化、智慧化、便民化

"双循环"强调国内各部门在要素流动和功能对接上能保持循环畅通，在成渝地区就业创业市场中，要保障各地区、各群体的就业创业活动能互联互通、共建共享，则需要一套模式统一的公共就业创业服务体系作为畅通两地人才服务的润滑剂。因此，成渝两地在贯彻落实就业公共服务国家标准规范的政策上，重点强调在标准化、精准化、智慧化、便民化四方面构建川渝人才服务协同标准。其中，标准化措施主要针对公共就业创业平台建设、服务流程、业务规范、档案管理、服务评价等内容的标准体系制定；精准化措施重点提升就业创业信息供需匹配的精准度，包括精准对接不同就业人群的需求、对特定群体实施"一对一"精准帮扶、动态实施就业创业服务的精准推荐等；智慧化措施主要在于将公共就业服务信息化建

设向移动终端、自主平台、人工智能模式、大数据分析等方向进行智慧化升级；便民化措施主要在于扩大就业创业政策咨询、就业失业登记、职业介绍等服务的覆盖面，加速公共就业创业服务由城市向农村延伸，实现覆盖成渝两地全体城乡劳动者，尤其是提升双城经济圈中部"经济塌陷"区域的人才服务便利性。

第二节 成渝经济转型升级中的就业创业人才需求

一个国家或地区的经济转型升级有很多种类型，比如经济体制转型、发展战略转型、经济增长方式转型、经济结构转型等，在我国双循环战略背景下，社会经济各领域都在面临产业结构、技术结构、市场结构、供求结构、区域布局等多方面的转变，中国经济正在经历一次由高速增长向高质量发展的转型升级，它意味着各经济部门需要从以往的谋求数量增长转向质量变革、从传统的资源驱动转向技术驱动、从单纯依靠传统产业转向改造传统激发新兴产业、从依赖国际大循环的外向型经济转向立足国内大循环的内需主导型经济……这些经济上的转型必然会影响各部门就业创业人才的发展走向，以及经济各环节对人才需求的变动。

本节重点选取了双循环战略中经济转型升级所涉及的四大重点类型，即产业现代化转型、经济数字化转型、区域协同机制转型、对外开放战略转型，从成渝现代产业体系构建、成渝数字经济发展、成渝协同创新发展、成渝对外开放高地建设四方面探讨双城经济圈经济转型重点领域中已显现或潜在的人才需求态势。

一、成渝现代产业体系构建中的人才需求

双循环新发展格局的形成需要建立高质量的现代经济体系来支撑其内需导向型的国内大循环系统，而现代经济体系的核心便是现代产业体系的构建。我国地域辽阔，地区间的地理环境、人文背景、产业结构、经济发展水平差异较大，不同区域城市群需要因地制宜构建具备地区特色和比较优势的现代产业体系，才能有效支撑区域经济融入全国双循环发展格局

中。成渝地区双城经济圈深处中国内陆西部地区，作为继京津冀、长三角、粤港澳大湾区之后的第四大重要增长极，承载着我国西部大开发重要战略使命，而成渝两地协同建设现代产业体系则是支撑双城经济圈融入双循环格局的重点战略任务。因此，探析成渝地区就业创业未来态势的一个重要切入点，便是从其产业体系发展格局的变动中挖掘产业人才的需求态势，毕竟一个区域的产业结构转型升级的背后意味着对产业人才类型、质量、数量等多方面的需求调整，同时，产业体系重构对人才的需求变化又会促使人才供给机构对人才培养方案进行调整，这样才能实现产才深度融合，为成渝现代产业体系高质量发展注入新动能。本节将从成渝地区三大产业的结构特点和各产业现代化发展趋势出发，探讨成渝现代产业体系构建中的人才需求态势。

（一）成渝地区三大产业结构特点与就业现状

从三大产业划分的角度来释义现代产业体系，不同经济发展水平的地区产业构成差异较大，导致现代产业体系的含义和特点会根据地区差异而有所不同。一般而言，在经济发达的国家和地区，现代产业体系主要指现代服务业发展比较充分的产业结构，即第三产业占生产总值 70% 左右的产业结构；而在发展中国家和地区，现代产业体系主要指工业化进程比较健康的产业结构，比如第二产业占生产总值 50% 左右、第三产业所占比重稳定上升的产业结构。

自 2020 年"双循环新发展格局"提出以来，成渝地区双城经济圈两大中心城市和四川省的三大产业生产总值结构和从业人员产业结构如表 2-3 所示，成都地区第三产业相对发达，更接近理论上对发达地区现代产业体系中第三产业占比的理论参考值；相比之下，重庆的第二产业相对发达，由于重庆的重工业基础优势，其第二产业生产总值占比较成渝地区双城经济圈其他地区高出很多，更接近理论上对发展中地区现代产业体系中第二产业占比的理论参考值。从成渝地区三大产业从业人员占比结构上看，各产业人才的就业结构与其生产总值占比结构基本保持一致，且呈同趋势变动，其中，重庆和成都两大中心城区的第三产业人才占比最大，均占三大产业从业人员总数 50% 以上。

表 2-3 2020 至 2021 年成渝地区双城经济圈三大产业的产出与就业结构

地区	产业结构指标		2020 年	2021 年
重庆市	第一产业	生产总值占比	7.2%	6.9%
		从业人员占比	22.6%	21.9%
	第二产业	生产总值占比	39.8%	40.1%
		从业人员占比	25.1%	25.6%
	第三产业	生产总值占比	53.0%	53.0%
		从业人员占比	52.3%	52.5%
成都市	第一产业	生产总值占比	3.7%	2.9%
		从业人员占比	14.0%	13.7%
	第二产业	生产总值占比	29.9%	30.7%
		从业人员占比	28.0%	28.1%
	第三产业	生产总值占比	66.4%	66.4%
		从业人员占比	58.0%	58.2%
四川省	第一产业	生产总值占比	11.5%	10.5%
		从业人员占比	32.5%	31.9%
	第二产业	生产总值占比	36.1%	37.0%
		从业人员占比	23.1%	23.5%
	第三产业	生产总值占比	52.4%	52.5%
		从业人员占比	44.4%	44.6%

数据来源：《重庆统计年鉴 2022》《成都统计年鉴 2022》《四川统计年鉴 2022》

虽然从各产业生产总值这个宏观数据上看，成渝地区正在逐步接近现代产业体系构成的理论参考值，但从每个产业的发展质量和地区之间的发展差异上看，成渝地区在构建现代产业体系的进程中还存在诸多短板和亟待解决的问题，比如传统工业占比较高，资源型产业依存度较大，工业粗放发展特征明显，产业布局环境风险严重等，而这些问题想要得以解决除了需要整体规划布局、资本支持、技术创新以外，还需要挖掘成渝地区在未来产业布局与规划中的人才需求，按各领域未来规划和发展规律对其各阶段亟须的人才类型进行合理优化、配置到岗，并以区域经济双循环为导向推动地区产业链和人才链的深度融合，才能夯实成渝现代产业体系的人才根基，为强化现代化建设提供可持续的人才支撑。

（二）成渝地区第一产业现代化发展趋势及其人才需求

第一产业在产业经济理论中是指利用自然力为主，生产不必经过深度加工就可以消费的产品或工业原料部门。按中国国家统计局的划分标准，第一产业包括农业、林业、牧业、渔业和农林牧渔服务业。《成渝地区双城经济圈建设规划纲要》对成渝地区第一产业现代化发展的规划重点在于建设现代高效特色农业带，而《成渝现代高效特色农业带建设规划》进一步明确了成渝地区第一产业在 2025 年之前的具体发展规划，如表 2-4 所示。

表 2-4　成渝地区第一产业现代化建设规划与发展趋势

主要建设任务	具体规划	发展趋势
推动农业高质量发展	建设国家优质粮油保障基地	粮油经营主体向专业大户、家庭农场、农民专业合作社、农业龙头企业等；农田及农田水利建设设施建设标准提高；木本油料生产扩大；农作物病虫害联防联控技术与管理机制提升
	打造国家重要生猪生产基地	畜禽养殖产业向现代良种繁育体系、标准化与规模化养殖等方向转型升级；草业带动全链发展；种养循环经济大力发展；猪瘟等动物疫情疫病防控加强
	打造渝遂绵优质蔬菜生产带	山地蔬菜种业向外销加工、有机产品生产、特色优质化生产等方向创新发展
	打造优质道地中药材产业带	中药材生产管理与营销向标准化、规范化、品牌化、药食同源化方向发展；中药材与菜、酒、茶、花、旅多产业融合发展
	打造长江上游柑橘产业带	以"六江一线"柑橘产业群、渝东北脐橙产业基地、渝西血橙产业基地、川东渝东冷鲜橙汁加工基地、川西南晚熟柑橘产业基地、渝中部名柚产业基地为依托使川渝果业集团化、品牌化发展

表2-4（续）

主要建设任务	具体规划	发展趋势
	打造安岳潼南大足优质柠檬产业区	重点发展柠檬良种苗木繁育体系，并围绕柠檬产业发展电商、物流、金融、文化主题旅游等服务业态
	打造渝南绵广蚕桑产业带	蚕桑产业向智慧化养殖、多元化产品加工、丝路文化产品输出方向发展
	打造全球泡（榨）菜出口及川菜产业、茶产业、竹产业基地	围绕"川菜渝味"发展榨菜及火锅原料加工业及加大餐饮产品输出；以"国际性茶消费中心"促成茶旅文化融合发展；按"生态文化发展"理念发展竹笋产业集群
	打造长江上游渔业产业带	渔业养殖循环化，种养一体化、健康化，餐饮加工一体化，以及都市休闲化发展
	推进特色农产品精深加工	农产品加工研发技术、保鲜物流技术、加工装备设计等向信息化、智能化、工程化发展
	打造成渝都市现代高效特色农业示范区	集中在四大区域进行空间布局发展，一是围绕重庆主城都市区发展，二是围绕成德眉资区域发展，三是围绕以达州、开州、万州为中心的渝东北和川东北区域发展，四是围绕以宜宾、泸州为中心的川南和渝西区域发展
强化农业科技支撑	共建国家农业高新技术产业示范区	重点发展农业智能养殖、疾病防控、基因技术、期货交易等领域
	建设西南特色作物种质资源库和区域性畜禽基因库	重点建设发展西南特色种质资源库、杂交水稻工程技术研发、西南作物基因发掘等领域，并大力发展农业科技川渝共建、联合研发、协同创新机制
	建设国家现代农业产业科技创新中心	
	建设畜牧科技城及国家级重庆（荣昌）生猪大数据中心	大力发展生猪等畜牧生物产业的大数据信息库、交易服务、金融支持平台
	打造西南丘陵山地现代农业智能装备技术创新中心	农业装备技术向智能化、高性价比化、川渝地域功能共性化、强适应性、规模化、品牌化发展
	大力发展智慧农业	农业基础设施运作向信息化、数智化、低成本化、重实效方向发展

表2-4(续)

主要建设任务	具体规划	发展趋势
大力拓展农产品市场	健全农产品质量安全追溯体系	食品原料生产绿色化、标准化,食品质量追溯全程化、市场化
	打造"川菜渝味"等区域公用品牌	对具有川渝地理区域特色的农产品进行品牌化管理和运营
	建设国家骨干冷链物流基地	农产品冷链物流设施一体化、物流信息平台化、物流节点网络化,辐射区域通过"七大交通走廊"逐步从川渝地区扩大到全国范围及东盟、中东等重点国际地区
	构建农产品现代流通体系	发展农产品及农资产地直播带货模式和连锁经营模式
	扩大农业开放合作	成渝农企合作联盟化,发展农产品会议经济带动对外出口
推动城乡产业协同发展	建设美丽巴蜀宜居乡村示范带	由单一的农业经济向休闲农业、乡村旅游、特色小镇、涉农主题博物馆和公园、森林康养、乡村民宿等"农业+康养度假"经济转变;对农业园区进行以产业和科技为主的现代化建设和改造
	共建现代农业园区(示范区)	
	打造世界休闲农业和乡村旅游样板区	
推进长江上游农村生态文明建设	加强农业农村污染跨界协同治理	土壤环保标准区域统一化;加强水域禁捕和耕地污染协同治理;加强生态环境和水生野生动物保护;提升农业废弃物资源化利用水平
	探索农业绿色发展新路径	
	统筹推进城乡综合配套改革	
提升资源要素保障水平	健全农业农村人才培养交流机制	农民素质教育培训制度化、体系化发展;农村闲置土地及用房综合整治盘活;在存量农村集体经营建设用地上发展新产业、新业态;"三农"金融业务持续发展;农业资源要素交易一站式平台化发展
	深化城乡土地制度改革	
	增强乡村振兴建设资金保障	
	共建农业资源资产交易平台	

根据表 2-4 从成渝第一产业现代化建设规划中提炼出的发展趋势可以大致归纳出，成渝第一产业如果要按建设规划方案推进现代化进程并融入双循环发展格局，则重点需要以下七大类第一产业部门就业创业人才的支撑：第一，需要懂川渝特色农业产品栽培、养殖、繁育、防护等技术革新的农业科技人才；第二，需要能推进涉农企业现代化、规模化、产业链条化、品牌化、数智化、线上线下市场营销推广等经营管理技能的新商科人才；第三，需要擅长农业生产和农村生活数字化工具搭建、应用、推广和服务的数字技术人才，具体职业技能包括分析川渝农业数字化需求、编写农业数字化生产或服务的技术资料、构建生猪等畜牧产业大数据库、搭建川渝冷链物流信息化平台、实施川渝特色农业数字化解决方案、为农户提供技术指导和培训等；第四，需要擅长与东盟、中东等共建"一带一路"国家和地区进行农产品交易的跨境贸易及电商人才，尤其是跨境电商平台技术人才、跨境电商运营人才、跨境电商多语种客户服务和营销人才；第五，需要扎根研究川渝地区土壤、水域、耕地、农业废弃物等生态环境治理的环保专业人才；第六，需要掌握农业机械、设施装备等现代农业装备的设计、应用、维护维修等职业技能的"第一产业+第二产业"跨界融合型人才；第七，需要能将文旅会展服务、冷链物流仓储管理、健康医疗等服务业技能与川渝地区特色农业相结合的"第一产业+第三产业"跨界融合型人才。

（三）成渝地区第二产业现代化发展趋势及其人才需求

第二产业在产业经济理论中是指对第一产业和本产业提供的产品及原料进行加工的产业部门，包括各类专业工人和各类工业或产品。按中国国家统计局的划分标准，我国的第二产业主要包含采矿业、制造业、电力、热力、燃气及水生产和供应业、建筑业，其主要特征为采掘、加工等。第二产业也可以总括为工业制造业，包括以能源工业、钢铁工业、电子工业为主的重工制造业和以纺织工业、食品制造、电子工业为主的轻工制造业。《成渝地区双城经济圈建设规划纲要》对成渝地区第二产业现代化发展规划的重点在于推动制造业高质量发展，尤其重视对电子信息、汽车产业、装备制造等成渝地区优势制造业的生产力优化提升，具体发展规划如表 2-5 所示。

表 2-5　成渝地区第二产业现代化建设规划与发展趋势

主要建设任务	具体规划	发展趋势
优化重大生产力布局	成渝都市圈外围地区：加快发展电子信息产业和汽车产业	成渝电子信息和汽车产业的研发部门向都市中心聚集、制造部门向都市外围区域梯度布局，逐步发展形成"研发在中心、制造在周边、配套在区域"的制造业分工体系和空间布局
	双城经济圈北翼地区：强化先进材料、汽摩配件等产业协作	成渝双城主轴以北的地区重点围绕先进有色合金、高性能纤维和复合材料、新能源材料、气凝胶、石墨烯、未来材料、先进钢铁材料、绿色建材、汽摩配件等产业推进其链条化、生态化、协同化发展
	双城经济圈南翼地区：集聚食品饮料、装备制造、能源化工、节能环保等产业的联动	成渝双城主轴以南的地区围绕白酒等食品制造、智能装备、航空航天、轨道交通、发电设备、节能环保、清洁能源装备等产业推进其差异化、集群化、地域特色化、多层次开放协同发展
培养具有国际竞争力的先进制造业集群	主攻发展智能网联新能源汽车产业集群	整车新能源和智能网联化水平逐步提升；汽车零部件供应链体系逐步完善并由传统向智能网联新能源汽车零部件转型升级；自动驾驶、车联网应用与智慧交通、智慧城市融合发展；车载软件与人工智能深度融合发展；具有川渝特色的车路协同体验场景将由小范围测试走向多地段应用；川渝能源网、交通网、信息网协同融合发展；汽车安全配套能力逐步提升、安全监管逐步加强
	共建世界级装备制造产业集群	围绕成都德阳地区、重庆中心城区、G93 成渝环线一带布局发展装备制造产业生态圈，并重点在清洁能源装备、航空航天装备、轨道交通装备、智能制造装备等高端装备制造领域构建协同发展体系
	培育成渝特色消费品产业集群	成都地区主要以培优育强、增品种、提品质、创品牌为导向，重点发展食品制造、酒类制造、医药制造、家居制造；重庆地区主要以优化功能布局、加强科技创新、创新发展模式、提升产业链韧性、培育龙头产品、深化数字营销为导向，重点发展食品加工制造、服装制造、家居制造、塑料制品制造、高端造纸制造、个护美妆制造、健康消费品制造、文创消费品制造

表2-5(续)

主要建设任务	具体规划	发展趋势
大力承接产业转移	承接我国东部地区和发达国家的产业转移	双城经济圈逐渐融入全国第二产业发展大循环。积极对接广东、浙江、江苏等等不发达地区省份的第二产业转移，通过承接和配套东部发达地区产业转移生产，逐步使渝地区融入全国大市场并统筹利用全国资源
	承接重庆"向西"、成都"向东"的先进制造业生产加工、零部件配套等产业的梯度转移	双城经济圈内部在成都和重庆中间地域形成产业梯度循环，面向重庆中心城区与成都市的整车、整机、整装发展整零配套产业，形成跨越渝西和川东地带的先进制造业产业基地群
整合优化重大产业平台	加快成渝地区已有的国家级、省级开发区建设	重点优化重庆两江新区、四川天府新区、重庆经济技术开发区、海峡两岸产业合作区、成都国际铁路港经济开发区等区域的第二产业资源建设
	创建新一批国家高新技术产业开发区、国家新型工业化产业示范基地、跨省毗邻地区产业合作园区	优选涪陵、綦江、合川、资阳、遂宁、宜宾等地发展国家高新技术产业开发区或新型工业化产业示范基地；在广安联接渝北一带兴建跨省产业合作园区
	支持老工业城市转型升级	利用自动化智能化改造、军备转民用制造、对外交通运输网络等发展趋势和思路，重点改造宜宾、泸州、自贡、内江为代表的老工业城市，使成渝地区老工业城镇打开多元化发展新路径
	协同创新建园方式和产业集聚区服务体系	逐步围绕各开发区外围新建多类型产业园区并纳入开发区集中管理，发展多样化的"一区多园"联动发展模式；在成渝地区内两两相互独立、经济发展存在落差、生产要素互补的行政区域间建立合作产业园区，发展"飞地经济"

根据表2-5从成渝第二产业现代化建设规划中提炼出的发展趋势，可以大致归纳出，成渝第二产业如果要按该建设规划推进现代化进程并融入双循环发展格局，则重点需要以下六大类第二产业部门就业创业人才的支撑：

第一，需要熟悉成渝地区新一代电子信息产业链布局、瞄准电子信息行业发展前沿和技术演进路线、能运用多学科知识解决复杂工程问题的电子信息类人才。其中，尤其需要懂通信系统设计、网络规划、可用性分析、软件开发、设备维护的通信技术人才，熟悉机器人工程、智能家居系统开发、仪器仪表工程的自动化控制技术人才，懂电子信息数据挖掘与分析、人工智能工程、机器学习算法工程的数据智能处理人才，了解电子元器件设计、生产工艺和质量控制、检验检测的电子元器件生产与研发人才。

第二，需要对成渝地区现代汽车、汽摩制造业发展布局有极强适应性和前瞻性的智能机械制造与管理维护类人才。从该行业人才趋势和人才紧缺度来看，为更好地促进成渝汽车制造业转型发展，未来亟须电控工程师、汽车电子电气工程师、智能网联工程师、电机工程师、电池工程师等中高端人才；从传统车企数智化趋势来看，成渝车企需要更多能深刻理解汽车软件与硬件及外部连接部分的系统架构工程师之类的高端复合型人才；从造车新势力和互联网科技融合趋势来看，成渝汽车市场需要更多拥有用户思维的互联网背景跨行业人才。

第三，需要高端领军型、技能型、复合型、应用型新材料专业人才。从新材料产业人才分布来看，我国存在典型的"东多西少"特征，即大量新材料人才和就业创业机会都集中于京津冀、长三角、珠三角地区，但在以成渝为中心的西南地区却拥有发展新材料产业所需的矿产资源，这就造成了人才和资源的不匹配。成渝地区新材料产业首先亟须引进一批具有色合金、高性能纤维和复合材料、新能源材料、气凝胶、石墨烯、未来材料、先进钢铁材料、绿色建材、汽摩配件等领域十年以上技术经验的高端领军型人才；其次，需要在上述材料领域一线工作的高技能人才，如化工单元操作工、材料工程技术人员、材料制品成型制作工等；最后，随着跨学科跨领域技术创新不断增多，要满足制造业现代化发展趋势，还需要新材料与其他学科交叉渗透的复合型和应用型人才支撑，例如既懂材料又懂大数据的材料基因工程人才，以及既懂材料又懂智能制造技术、绿色制造技术的复合应用型人才。

第四，需要具有"劳模精神"和"工匠精神"，同时又能适应成渝地区装备制造产业集群发展的技术技能人才。根据《成渝地区双城经济圈共建世界级装备制造产业集群实施方案》中提出的有关装备制造产业生态圈的主要任务，在清洁能源装备、航空航天装备、轨道交通装备、智能制造装备、地域特色专用装备五大领域亟须协同型、创新型技术技能人才；而根据成渝地区装备制造业中部分高端装备的竞争劣势和布局空白，得出成渝地区在高端装备制造关键共性技术、先进工艺制造、核心装备制造、基础原材料制造等领域亟须技术突破性人才，而在高端数控机床、高端工业机器人、增材制造装备、智能传感及检测设备等领域亟须基础技术技能人才。

第五，需要懂区域市场需求特点、重产品质量、突出时尚和生态友好的成渝重点领域消费品制造人才。若要消费品工业加快融入双循环新发展格局，需要稳定优化传统优势消费品工业供应链、提升产品价值、以服务美好生活为导向培育市场潜力大且生态环境友好的新兴消费品产业，基于这一消费品制造业发展规划，再结合成渝消费品产业集群的发展特色，未来在川渝特色食品加工制造、酒类制造、医药制造、健康消费品制造、家居制造、塑料制品制造、川渝文创消费品制造等重点领域的生产和供应部门，亟须大量懂川渝市场共性需求、时尚要素创新设计、国际品牌管理、绿色环保设计、智慧供应链管理、消费大数据分析等技能的技术复合型人才。

第六，需要一批拥有我国东部地区和发达国家先进制造业技术与管理经验和资源的行业引领型人才。双循环新发展格局的重点是突出国内大循环，因此我国东西部人才流动也是构建国内大循环的重要组成部分。在成渝地区第二产业现代化建设规划中，非常重视成渝地区内部传统工业老城改造以及成渝地区对国内东部及发达国家地区的产业转移承接，而若要科学不冒进地实施这一规划，则需要能深入理解和实践现代产业园区和现代工业城市先进经营管理模式的高端经验型人才在其中发挥作用，实施"派出去"和"引进来"人才战略，让真正懂城际区域整体工业现代化改造的高端专业人才来统筹规划项目进展、带领并指导成渝年轻一代建设人才对现代化工程项目进行逐一攻克，在行业引领型人才"传帮带"的过程中完成发达地区的第二产业转移、加速欠发达地区的第二产业现代化进程。

（四）成渝地区第三产业现代化发展趋势及其人才需求

第三产业在产业经济理论中是指除第一产业、第二产业以外的其他行业，一般被理解为服务业和商业。按中国国家统计局的划分标准，第三产业是三大产业中分类最多的产业，按其划分层次，中国第三产业包括流通和服务两大部门，其中流通部门主要包含了交通运输业、商业饮食业、物资供销和仓储业等，而服务部门有三类，一是诸如金融业、公用事业、旅游业等这些为生产和生活服务的部门，二是诸如教育、文化、广播电视、卫生、体育这些为提高科学文化水平和居民素质服务的部门，三是诸如国家党政机关、社会团体、警察军队等服务于社会的公共管理部门。《成渝地区双城经济圈建设规划纲要》对成渝地区第三产业现代化发展的规划重点在于制造业与服务业的融合发展、商贸物流以及金融服务业三大领域的现代化建设上，具体发展规划如表2-6所示。

表2-6　成渝地区第三产业现代化建设规划与发展趋势

主要建设任务	具体规划	发展趋势
推动先进制造业和服务业融合发展	发展并创新制造业的服务环节、提升制造业服务化水平	从成渝第二产业中发展第三产业，逐步摆脱成渝传统制造业对规模经济的追求，围绕终端市场需求，以提供全方位融通服务为目标，推动制造业服务化转型
	在研发设计、科技服务、商务咨询、人力资源服务等领域联合打造一批服务品牌	各领域专业咨询服务和综合解决方案服务提供商将从个体化、零散化向集团化、品牌化、数智化发展
	重点围绕工业设计和食品药品检测进行产业中心和基地建设	食品药品检测、有机产品认证、消费体验评价、环保质量检测、综合性检验检测等涉及安全、健康、环保等方面的检测技术及服务领域呈细分化、专业化、集聚化发展趋势
	建设国家检验检测高技术服务业集聚区	
	建立人力资源服务产业园	依托成渝跨区域人力资源服务产业园的运营，企业招聘服务、人才培育与引进、人力资源行业理论研究和标准制定、人才对外交流等合作项目得以高效发展

表2-6（续）

主要建设任务	具体规划	发展趋势
提升商贸物流发展水平	合力建设国际货运中心、重点区域打造区域性物流中心	以成都和重庆为据点强化建设其国家综合货运枢纽功能，以万州、涪陵、长寿、遂宁、达州、泸州、自贡为据点发展区域性物流中心
	完善多式联运物流服务网络和物流产业体系	成渝地区物流产业体系向多元化、国际化、高水平化发展
	围绕成渝优势产业和主导产品建设一批内外贸相结合的专业市场	利用电子及数字商务的发展趋势，在各细分领域的商贸市场中逐步发展 C2M、B2M、DTC 等以消费者为中心的新型商业形态和市场交易模式，如聚合需求模式、要约模式、个性化定制模式等
	推进跨境电子商务、数字商务、反向定制 C2M 产业基地	
	强化会展经济对商贸物流的带动作用、联合打造一批专业会展品牌	成渝会展服务业向会展企业联盟化、优势资源共享化、品牌化、办展理念绿色化、会展人才专业化方向发展
共建西部金融中心	加快形成具有竞争力的金融机构组织体系	成渝地区境内外法人金融机构及其治理结构呈多样化发展趋势；地方金融组织规范化发展，由唯业绩论转向重视整体风控能力和提升综合经营水平；健全金融数据外包机构、征信服务机构等金融相关专业服务机构体系
	构建具有区域辐射力的金融市场体系	加强探索多主体参与的跨成渝地区不良资产管理运作模式，联合建设能与全国或境外市场对接的区域性产权交易所、数据资产交易所、知识产权交易中心、股权交易中心、成渝银行间债券市场，拓展中新、中日合作下的资金互通方式、"一带一路"国家和地区融资及结算服务模式多样化发展，引导西部股权投资基金市场试点式发展
	构建支持高质量发展的现代金融服务体系	金融服务乡村振兴、绿色金融改革创新、供应链金融创新、基于成渝特色消费场景的消费金融服务创新等金融服务将在普惠金融发展框架下得以有序推动
	建设服务高质量发展的金融创新体系	重点推进科创金融服务创新，拓展金融科技的应用领域、应用场景、提升金融科技的认证和应用水平

表2-6(续)

主要建设任务	具体规划	发展趋势
	建设支持全球资本配置的内陆金融开放体系	稳步推进成渝地区企业与"一带一路"国家和地区合作中的人民币跨境结算,稳妥创新跨境资本流动管理模式,有序开展跨境金融业务创新
	建设法治透明高效的金融生态体系、营造安全稳定的金融发展环境	成渝地区金融营商环境的监管力度、自律水平不断提升,地区金融司法联动协同机制加强
	推动金融基础设施互联互通	在银行结算账户体系、支付服务体系、信用体系、金融统计数据服务体系、国库服务体系、货币及现金服务、金融交易体系等重点领域开展金融基础设施跨区域一体化建设

根据表2-6从成渝第三产业现代化建设规划中提炼出的发展趋势,可以大致归纳出,成渝第三产业如果要按建设规划方案推进现代化进程并融入双循环发展格局,则重点需要以下三大类第三产业部门就业创业人才的支撑:

第一,需要能服务于成渝制造业终端市场、满足各领域专业咨询需求、掌握高标准检验检测认证的第二产业、第三产业融合型人才。首先,面向制造业终端市场的服务型人才主要指能将工业化产品进行精准营销和提供高质量售后服务的职业人群,由于双循环背景下的经济增长不再是简单追求规模增长,而是注重高质量增长,这一背景便要求各类工业化产品的生产过程中减少生产浪费现象,与终端用户需求达成更精准的供需匹配,于是促使该领域的就业创业人才需要更好地掌握大数据用户画像分析、消费者行为分析、个性化营销策略定制、数字化营销渠道运营管理等职业技能,同时又能将市场端的数据精准反馈至产品端,以促成制造业的改进与提升。其次,随着行业分工的进一步细化以及付费咨询和外包行业的快速发展,研发设计、科技服务、商务咨询、人力资源服务等重点领域亟须一批能提供定制型专业咨询服务或综合解决方案服务的技术及管理咨询人才,尤其是随着成渝地区加速推进统一的人力资源市场服务体系,成渝地区需要大量能进行职业培训、就业创业指导服务、劳动法律援助、辅助企业引进培育人才、提供企业人力资源管理综合解决方案的人力资源管理人才，以促进协调整个成渝地区双城经济圈的就业创业人才在三大产业中的高效配置。最后，在第二产业、第三产业融合发展下，为提升制造业产品质量，食品药品检验、有机产品认证、消费体验评价、环保质量检测、综合性检验检测等领域亟须相关专业技术人才。

第二，需要能提升成渝地区综合物流能力、推进内陆地区对外商贸形态多样化发展、强化会展服务业高质量品牌形象的商贸物流人才。物流产业方面，随着"一带一路"的推动，成渝地区作为国际国内综合交通枢纽的作用越发显现，为成渝现代供应链与物流产业发展打下了基础。要进一步健全现代物流体系，成渝地区需要逐渐摆脱物流与供应链人才整体学历水平偏低、岗位技能偏简单的现状，亟须在智慧物流、绿色物流、城乡物流配送体系建设等领域的专业类岗位和技术类岗位重点培育中高端和多技能操作型物流人才。对外商贸方面，由于成渝地处内陆区域，长年来缺乏像东部沿海地区那样的对外经贸交流实践环境，其外贸人才无论是语言沟通能力、跨文化交流能力，还是外贸服务技能、国际视野和创新意识等各方面都存在不足，因此，在成渝对外开放高地建设不断推进的背景下，亟须一批熟悉从业领域国际格局和前沿动态、把握国外用户社会文化习惯与思维方式、通晓国际规则和管理、熟悉与国际接轨的新型商业形态和市场交易模式的商贸人才。

第三，需要能全方位推进西部金融中心建设、具备多元知识背景、擅用数字化能力、掌握跨界沟通技巧的新型金融人才。从现代金融业的发展趋势中可以看出，在未来，金融与科技的融合将不断加剧，金融业在逐渐趋严的监管力度下将加速脱虚向实，金融服务领域细分加速催生更多形态的金融服务机构，在这一进程中，成渝地区金融服务人才的需求也在逐步转型，从以往重视传统金融专业高学历人才到现在更重视拥有数字化、融合化、实战化特色的人才。成渝地区对数字化特征的金融人才需求主要为计算机专业与金融专业的融合型人才，看重其计算机技术对金融专业的赋能；对融合化特征的金融人才需求现在更重视其跨行业、跨部门、跨专业的沟通能力、协同能力、复杂问题解决能力；对实战化特征的金融人才需求现在不再简单追求高学历人才，而更看重从业者具备长期定力和承压能力以应对金融市场的不确定性与业务项目的磨炼，并在锤炼中依然坚持职业道德、坚守职业规范、创新业务模式、提升服务质量，从而长期切实推动西部金融中心高质量建设。

二、成渝数字经济发展中的人才需求

（一）成渝数字经济发展现状与瓶颈

广义上对于数字经济这一概念可以理解为直接或间接利用数据来引导各类资源和生产要素发挥作用、推动生产力发展的经济形态。在技术层面，数字经济强调对大数据、云计算、物流网、区块链、人工智能、5G通信等新兴技术的开发和应用；而在经济层面，数字经济更强调通过对数字化知识与信息的识别、选择、过滤、存储、使用来实现资源的快速优化配置与再生，从而推动社会经济高质量发展。2021年年底，我国中央经济工作会议强调，要加快构建双循环新发展格局、推动中国经济高质量发展，特别需要通过大数据、云计算和区块链等技术的应用来畅通国民经济循环，打通生产、分配、流通、消费各环节，补齐产业链短板、增强产业链韧性、突破供给约束堵点。可以看出，在当今世界各国纷纷迈入数字驱动经济发展的时代，大力发展数字经济是我国经济发展的必经之路，也是打通国内国际双循环的现实有效途径。截至2022年年底，我国数字经济规模达50.2万亿元，总量稳居世界第二，占国内生产总值比重提升至41.5%[1]，从规模数据中可以看出，数字经济现已成为我国稳增长、促转型的重要引擎。2023年中共中央、国务院印发的《数字中国建设整体布局规划》标志着我国把数字经济放到了比以往更重要的位置，各地区、各部门、各领域的数字建设进入了整体布局、全面推进的新阶段。

成渝地区双城经济圈作为我国经济增长的第四极，成渝两地具有相似度较高的数字产业结构和产业数字化进程，其成渝地区数字经济发展进程现已形成"双核引领、联动辐射、多点发展"的总体格局。具体而言，重庆地区在5G基站建设、云计算产业园建设、国际数据专用通道建设、软件和信息服务业、大数据智能化企业和电商聚集、智能工厂与数字化车间建设、工业互联网平台建设等方面成效显著；成都所在的四川省则在互联

---

① 数据来源：《数字中国发展报告（2022年）》，国家互联网信息办公室，2023年4月。

网巨头区域总部和生态基地的设立、全国百强网络零售企业引进、5G 基站建设、超算中心建设等方面成效显著。而在成渝两地共建数字经济方面，自 2020 年以来，两地在网络通信协作、工业互联网一体化发展、大数据协同发展、新一代人工智能创新发展等领域均签署了相关战略合作框架协议近百份，并按实施方案有序推进数字双城经济圈的建设，包括组建川南渝西大数据产业联盟、西南数据治理联盟、成渝地区区块链应用创新联盟等数字经济联盟组织，共同开展川渝地区数字标准化体系建设，协作推进成渝地区融入全国一体化大数据中心协同创新体系。综上所述，成渝地区数字经济发展现状重点体现在三个方面，一是以大数据产业、人工智能产业、智慧城市建设、数字经济园区建设、网络安全产业为代表的数字产业集聚发展；二是以 5G 基站、大数据平台、"算力+数据+算法"的超算中心为代表的新型数字基础设施建设；三是以工业互联网标识解析服务、网络改造升级、第三方云平台服务、软件和信息服务、工业互联网安全服务和评测服务、虚拟现实和数字孪生集成服务等为代表的工业互联网一体化发展。

虽然从发展规模上看，成渝地区双城经济圈的数字经济在西部地区已处于优势地位，但相较于我国长三角地区和发达国家的发展水平还有很大差距，造成这一差距的因素除了历史和地理原因造成的地区经济发展水平差异以外，还存在双城经济圈内发展不平衡、区域间融合协同一体化不足、基层落实力度小效果差、传统行业中小微企业数字化转型成本高四大方面的瓶颈问题。首先，发展不平衡主要体现在重庆和成都两大中心城区的数字经济规模和质量远超经济圈内其他地区，双城经济圈内的十几个城市里，除两大中心城区以外，仅有绵阳和德阳入围过全国数字城市百强[1]，这使得整个成渝地区的数字经济发展呈现中心城区强、外围城市弱的不平衡特点，这一现状离数字经济在区域内同步普及还有很大差距。第二，区域间协同一体化不足的问题主要体现在两地之间各产业部门尚未完全形成数据要素高效流通，如果区域间的数据架构体系和标准无法统一，就会产

---

[1] 在工信部中国电子信息产业发展研究院直属机构赛迪顾问发布的《2022 中国数字城市竞争力研究报告》中的 2022 数字城市百强名单里，成渝地区双城经济圈仅四个城市进榜，其中，重庆市排名第 5 位、成都市排名第 8 位、绵阳市排名第 55 位、德阳市排名第 94 位。

生多种平台、多头管理、标准杂糅现象，从而造成区域间、平台间、企业间形成数据壁垒、信息孤岛，最终阻碍数字经济要素在城际区域间乃至对接全国和对接境外的循环流动。第三，成渝双城之间，特别是两大中心城区之间在数字经济的整体规划、数字政务合作以及产业链核心企业数字化转型上有较好的实践，但双城经济圈区内的大部分区域是由中小城市构成，而这些中小城市发展规划、营商环境、发展思维落后于中心城区，致使它们仍沿用传统经济的产业政策、统计体系、监管规则，在数字经济发展层面仅依靠政府奖励补贴走一步算一步，使得数字经济发展措施在双城经济圈内中小城市基层层面无法得以持续实行和规范，也无法实现差异化改进、个性化定位，导致基层落实力度小效果差。第四，在任何一类经济转型过程中，中小微企业的转型一直是难点，数字经济也不例外，成渝地区传统行业中现存的大量小微企业受限于自身能力、经济实力和平台支撑，其数字化转型成本高，而高昂的数字化搭建成本和不确定的未来产出，导致中小微企业面临两难局面：不转型则可能导致长期生存空间受限，转型则可能会导致其面临生死存亡。因此，大量中小微企业不愿转型、不敢转型、不会转型，使数字经济的发展在中小微企业层面处于半停滞状态。

（二）成渝数字经济发展对人才的需求

要推动和解决上述数字经济发展瓶颈问题，关键在于如何引进、培育和配置成渝地区的数字化人才，只有数字化人才在双城经济圈区域间充分循环流动并适岗到位，才能解决成渝数字经济发展面临的各项瓶颈问题。成渝地区数字经济的发展不仅需要引进发达地区有先进经验的数字化人才，同时还需要依托本地高校和企业资源培育大量能满足成渝各产业数字化转型需求的基础型、应用型、操作型、运营管理型人才。

根据成渝地区数字经济的发展特点，对相关人才的需求点主要集中在攻克数字产业融合发展、强化新型数字基础设施建设、打通数字科技与实体经济融合渠道、推动数字"善治"和区域"智治"四个方面。对于攻克数字产业融合发展，尤其需要能在成渝地区重要制造业领域善用人工智能、区块链、云计算等技术创新解决"卡脖子"数字技术的数智化生产型和创意型人才，同时为促进成渝地区终端消费市场融入双循环，在服务业领域还需要能快速适应"智能+O2O"消费生态体系业务模式的数智化服务型管理型人才。对于强化新型数字基础设施建设，则需要能基于各种细分场景，开发从核心层到外延层再到辐射层的数字化基础设施的工程型人才，包括掌握核心层中5G、大数据设施、工业互联网设施、人工智能、数据中心等相关建设技术的人才，掌握外延层中新能源、新材料及其应用领域配套设施、无人化设施等建设技术的人才，以及掌握辐射层中智慧城市、轨道交通等传统基建技术的人才。对于打通数字科技与实体经济融合渠道，需要大量既懂传统产业主体供应链、经营链、生产链、消费链运作模式，又懂平台经济、共享经济、线上办公等数字化新业态运营方式的跨界融合型人才。对于推动数字"善治"和区域"智治"，则在政府监管、行业自律、社会监督领域需要一批懂得构建和运行数字经济监管体系、发展监管科技和合规科技的监管人才和数字治理人才。

根据数字人才的技能构成特点，数字经济发展所需的人才还可分为三个层次。第一层是数字思维管理者，也就是能洞悉成渝地区产业数字化转型特点和特有趋势的战略性思考者，这类人才不仅能根据区域发展规划和策略确定企业的数字化战略、数字化企业文化、数字化竞争力，还能基于绿色可持续发展框架注重企业在数字化时代的社会责任。第二层是数字思维业务人才，也就是同时具备数据分析、计算机编程等硬技能和跨部门、跨领域业务协调沟通等软技能的人才，这类人才需求数量巨大，覆盖各组织单位的基层到中层，他们对将数字化战略落实到位起着关键作用。第三层是数字专业人士，包括熟悉数字系统开发、掌握优化人工智能、区块链、大数据、云计算等专业技术的人才，这类人才是数字经济体系的创新推动者，能为我国数字经济助力双循环新发展格局能提供内生推动力。

三、成渝协同创新发展中的人才需求

（一）成渝协同创新发展现状与瓶颈

协同创新是以知识增值为核心，通过国家或地区战略引导，使某一区域或相邻区域内的政府、企业、学校、研究机构等各组织单位发挥各自的能力优势、整合互补性资源，跨区域协作开展产业技术创新或科技成果产业化活动的创新模式。协同创新是双循环背景下我国很多地域相邻、经济

特征相似的行政区域广泛采用的发展模式，它能使区域间创新资源和要素有效汇集，通过突破创新主体间和行政区域间的壁垒，深度融合人才、资本、信息、技术等要素。

成渝地区双城经济圈整体融入双循环新发展格局的前提是要先实现区域内协同创新，这样才能更好地促进成渝区域内各要素循环流动、有效配置，通过创新聚集效应和规模辐射效应带动我国西部地区经济融入国内国际双循环高质量发展。从具体的协同创新措施来看，成渝地区在政策的引导下，从2017—2021年近万台科研仪器共享、共同实施川渝科技创新合作计划，到组建成渝地区双城经济圈科研院所联盟，再到共建成渝综合性科学中心、西部科学城，两地在协同创新内涵建设和合作框架上已有不少成效。从定量研究的角度来看，成渝地区协同创新水平在2019—2021年处于稳步提升状态，2021年的协同创新总指数较2019年增长了20.01%，其中，产业联动指标增幅最大，较2019年增长了44.88%，紧随其后的是成果共享指标和创新合作指标，较2019年分别增长了15.77%和14.25%[①]。由于协同创新的本质是为了实现重大科技创新，因此科技经费的持续投入水平是衡量创新主体科技创新能力的重要指标之一。从表2-7可以看出，进入"十四五"时期后，成渝地区双城经济圈内的科技投入整体水平较2017年接近翻了一番，且整体经费规模在2017—2021年也处于稳定增长的态势；经费投入增速却极不稳定，重庆地区在2017年和2019年出现了两次较大的科技投入增长，但在这两次增长之后增幅都有较大的回落，而四川地区除了在2019年出现了一次科技投入爆发式增长以外，其他时期的投入增长情况较重庆更加稳定；对比经费投入强度的变化，即从地区R&D经费占地区生产总值的比例上看，重庆地区自进入2018年之后，经费投入强度变化不大，呈微弱增长态势，而相比之下，四川地区的经费投入强度在2017—2021年一直处于稳步上升态势。从数据上看，虽然成渝地区协同创新的整体发展趋势在向好，但两地协同创新动能却存在明显的差异性，其中重庆地区相对而言协同创新动能较为薄弱，致使双城经济圈的协同创新驱动力并不稳定。这些数据的背后，其实隐含着较多关于成渝地区协同

---

① 数据来源：《成渝地区双城经济圈协同创新指数2022》，重庆科技发展战略研究院、四川省科学技术发展战略研究院、重庆日报报业集团联合编制。

创新发展的瓶颈问题。

表 2-7　2017 至 2021 年川渝地区研究与试验发展（R&D）经费情况

地区	科技经费指标	2017 年	2018 年	2019 年	2020 年	2021 年
重庆	R&D 经费（亿元）	364.6	410.2	526.8	526.8	603.8
	R&D 经费增速（%）	20.65	12.51	28.43	0.00	14.62
	R&D 经费投入强度（%）	1.88	2.01	2.11	2.11	2.16
四川	R&D 经费（亿元）	637.8	737.1	1055.3	1055.3	1214.5
	R&D 经费增速（%）	13.61	15.57	43.17	0.00	15.09
	R&D 经费投入强度（%）	1.72	1.81	2.17	2.17	2.26

数据来源：2017 至 2021 年全国科技经费投入统计公报（www.sts.org.cn）

第一，研发投入不足。尽管近年来成渝地区的科技经费投入一直处于稳定增长状态，但相较于北上广深等发达地区的经费投入规模还是有很大差距。当然，这也是由于成渝地区的研究型大学、科研机构的数量和实力相较于我国发达地区也略显薄弱，即便进行了过多的科技投入也可能会造成浪费。除此之外，成渝地区优势产业多集中于机械装备、汽车摩配、食品工业等科技含量不高及存在过剩产能的制造业领域，这些产业向现代化成功转型需要一个人才和技术资源集聚的过程，而现在成渝地区这些产业的转型和发达地区相比，仍处于规划和培育阶段，还未到加大研发投入的阶段。

第二，协同创新链不健全。创新如果不能有效服务于市场需求，那这样的创新也是无效创新，因此衡量创新发展的成效需要看创新链的完整性，即一项科技成果从创意的产生到商业化生产和销售整个过程的链条结构是否完整地反映了技术的诞生、流动、转化和增值。而成渝两地协同创新链中存在应用开发环节成果转化率不高、中试环节力量薄弱、市场价值转化渠道不畅等问题，这些问题阻断了创新链条的结构完整性，也削弱了协同创新的强度。

第三，川渝两地企业协同创新积极性不高。至今为止涉及两地的协同创新措施大多是由政府和高校推动的，但在企业层面，由于科技创新过程中的知识产权保护体系不健全，企业很难有动力在知识产权无法得以保障的情况下去寻求开放协同，因为这会使其陷入被他人模仿、超越甚至挤出市场的困境。同时，科技创新政策的不完善，导致企业对创造的无形资产和人力资本的有效重视和管理不及对有形资产的管控和保障，企业为了考虑更稳定的利益回报，会倾向于将更多资金投入在有形资产而非技术创新这些无形资产上，从而阻碍了科技经费对新技术创造的投入，也阻碍了创新的进程。

第四，人才流动不平衡与交流合作形式化。从成渝区域内部人才流动情况来看，成渝两市一直以来都互为人才外流第一目标城市，而对于两市中高端人才流动而言，在2021年，由重庆净流入成都的中高端人才地区占比为0.92%，而由成都净流入重庆的中高端人才地区占比却是−1.3%①，从侧面反映了成渝区域内部人才流入流出一直处于不平衡状态。从成渝区域外部人才流动来看，成都对成渝地区双城经济圈外部人才吸引力也高于重庆，在智联招聘发布的2022年最具人才吸引力城市100强排名中，成都排名第7，而重庆排名第24，但如果将成渝区域作为一个整体群纳入全国人才循环中来看其人才流动，则2018—2022年成渝城市群的人才都处于持续净流出的状态，且人才流出占比在逐年扩大。若将2017—2021年成渝地区人才流动的不平衡现状与前文提及的成渝协同创新大型共建项目结合起来，可以得出两地很多交流合作可能存在形式化或者短期化的情况，暂未使两地创新型人才合作长期纵深延展，导致两地持续面临区域人才一体化水平层次偏低的瓶颈局面。

（二）成渝协同创新发展对人才的需求

成渝协同创新进程若要得以实质性的大跨度推动，则需要一批有能力、有意愿且能深入理解两地协同创新痛点问题的就业创业人才。首先，在成渝地区过剩产业领域中亟须培育或引进致力于开发传统产业转型升级解决方案的务实型中高端人才，并让其带动和影响成渝协同创新项目及团队的务实性，只有人务实了，才能使合作与协同落到实处，避免为了追逐各种概念风口，为了创新而创新、为了协同而协同，将科技经费投入一些只能解决表面问题的合作项目上，从而无法让成渝各领域协同深入发展、无法解决成渝产业转型发展中的根本性问题。

---

① 净流入数据计算标准为"流入成都（重庆）中高端人才地区占比−流出成都（重庆）中高端人才占比"，数据来源为猎聘大数据研究院。

其次，需要一批能弥补协同创新链薄弱环节的中试人才和技术经理人，即各领域各部门需重视培育同时掌握样品生产、技术鉴定、批量试制、产品鉴定等一系列职业技术技能和部门沟通技能的人才，他们不仅能领悟科技创新理念和技术核心价值，还熟悉终端成渝地区终端市场需求痛点，只有中试人才队伍壮大了，才能更好地弥补协同创新链条的完整性，提升科技创新成果转化率。

最后，需要培养大量同时具备工科背景和经管背景的知识产权人才来保障协同创新全过程中各方的经济利益，而现如今成渝地区高校开设知识产权相关专业的院校不多，且课程结构更偏法学方向，但单纯拥有法律知识背景的人才难以胜任科技创新领域的知识产权管理和应用工作，只有具备更多工科背景的知识产权人才才能在知识产权创造、申请、管理、应用等方面发挥积极主动作用，从而更好地解决由于知识产权无法得以保障导致的协同创新效率低和内驱力弱等问题。

四、成渝对外开放高地建设中的人才需求

在双循环新发展格局的形成背景下，虽然推动国内大循环的高质量发展是各领域改革重点，但同时利用好国际市场、建好国内市场和国际市场的高效沟通渠道、实现国内国际双循环相互促进也是实现我国更加强劲可持续发展的必经之路。相较于我国沿海发达地区，成渝地区在对外开放建设这一领域存在先天劣势，因为成渝地区作为西部内陆地区，既不沿边、也不沿海，对外开放通道较少、地理阻隔较多，难以与多国多区域建立便捷高效的直接联系。但这些先天劣势并不能阻碍成渝地区双城经济圈融入双循环中的国际循环体系中，在重庆市和四川省人民政府办公厅发布的《成渝地区联手打造内陆开放高地方案》中，明确提出了关于成渝作为内陆地区如何全方位融入国际市场循环的规划措施，如表2-8所示。从成渝对外开放路径与措施中，可以归纳出成渝地区的四大对外开放趋势，一是利用内陆物流网络体系做大做强中新、中欧、中蒙三大对外经贸走廊和东向开放通道；二是壮大成渝重点产业领域的对外商贸、对外投资及外资引进力度；三是通过打造高标准、多样化国际展会和赛事促进科技、体育、人文外循环；四是构建既适用于成渝地区又能与国际接轨的经贸规则体系

和便利高效的营商环境。

表2-8　成渝内陆开放高地建设方案与对外开放趋势

对外开放路径	具体方案措施	对外开放趋势
构建高效能开放大通道	合力共建西部陆海新通道	通过发展商贸物流加大成渝地区与西部重要口岸省市和南向国际市场的开放力度
	共同做强中欧班列（成渝）品牌	在中欧线路优化、运输信息共建共享、股权经营权合作、跨境邮递体系建设、中欧互认地理标识品牌建设、中蒙俄经济走廊衔接等领域加大开放力度
	优化畅通东向开放通道	利用长江沿线航运枢纽建设加大成渝地区与沿江省市之间的开放互通力度
	打造国际航空门户枢纽	通过织密成渝地区与共建"一带一路"国家和地区的国际航线网络，提高成渝地区与全球主要城市间的通达性
建设高能级开放平台	建设川渝自由贸易试验区协同开放示范区	在示范区内试行金融、科技、医疗、贸易、数字经济等领域的对外开放
	打造内陆开放门户	以成渝共建产业园区的模式加速推进中德、中法、中瑞、中意、中韩等国际互通对外开放合作力度
	高标准实施高层级开放合作项目	重点在国际航空物流、金融科技、大数据智能化产业方面推进中新战略性互联互通；在城市建设、医疗等现代服务业领域推进中日开放合作
壮大高水平开放性经济	打造开放型产业体系	重点加大汽车产业、装备制造业、特色消费品产业、健康产业、电子信息产业等产业领域的对外开放水平
	推动对外贸易提质增效	通过协同打造"一带一路"进出口商品集散中心、推动成渝品牌国际化认可度来加大成渝地区面向海外市场的开放力度
	做好利用外资保稳促优	通过支持世界500强企业和隐形冠军企业总部落户成渝地区等方式打造高质量外资企业集聚地，从"引进来"的角度提升外资流入规模和质量，从而加大对外开放力度
	提升对外投资合作水平	联合推进成渝技术、装备、服务、标准、资金方面的国际合作，从"走出去"的角度提升成渝地区境外投资合作水平以加大对外开放力度

表2-8(续)

对外开放路径	具体方案措施	对外开放趋势
打造高质量"一带一路"对外交往中心	提升对外交往载体标准	以高标准国际展会的形式打造多样化的成渝对外交流平台
	深化多领域国际交流合作	主要通过科技创新合作、国际技术转移、影视文化交流、体育赛事等多领域打通科技人文领域的对外交流渠道
	加强对外交往和国内合作	与京津冀、粤港澳、长三角联动开展国际交流活动,联合东部、带动西部参与对外交往
营造高标准营商环境	对接引领国际高标准经贸规则	对标国际高标准经贸规则建设成渝地区经贸规则体系,以促成成渝地区相关标准能为国际通用
	建设高标准市场体系	成渝地区的外商管理机制和标准逐步提升
	推动跨境贸易便利化	通过优化国际贸易窗口业务办理方式、探索更高效的进出口协同监管机制和商品质量风险预警机制,提升跨境贸易领域的对外开放效率
	探索便利的人员流动机制	加大对成渝地区外籍高端人才的引进、居留管理力度,通过提升境外人才输入数量和质量提升对外开放水平

　　基于上述提炼出的成渝地区外开放趋势,在对外开放高地建设中亟须一批兼具外商贸相关软硬技能和熟悉目标贸易国和地区文化特征的复合型人才。第一类人才需求,是能深入挖掘中新、中欧、中蒙分区域跨境电商品牌运营策略的企业对外形象传播与品牌建设人才;第二类人才需求,是能在国际航空物流、金融科技、大数据智能化、汽车、装备制造、特色消费品、医疗健康、电子信息等成渝重点产业领域推进更多高品质产品和服务参与中德、中法、中瑞、中意、中韩、中新的定向商贸互通往来,且熟悉成渝地区重点对外的贸易国家的消费市场的商贸人才;第三类人才需求,是熟悉"一带一路"国家与成渝地区在科技创新、影视文化、体育赛事领域的共性需求,能联合东部地区一起打造、运营西部对外高层次展会和赛事的国际会展人才;第四类人才需求,是能在成渝区域内设计构建高标准营商环境的高素质国际商贸日常业务操作和监管人才;第五类人才需求,是对科技类、管理类、文化艺术类、运动类的外籍高端人才。

第三节　成渝高校毕业生就业创业现状与趋势

为了进一步研究在中央提出"双循环"发展战略后，成渝地区高校每年向人才市场供给的新增人才流向和成渝产业体系的发展方向的关联性，本节从成渝地区双城经济圈辖区内的本专科高校中抽选了40所高校，对其2020届、2021届、2022届毕业生就业创业数据进行分析。在样本高校中，重庆地区和成都及周边地区的高校各20所，重庆地区的样本高校包含9所公办本科院校、4所民办本科院校、6所公办专科院校、1所民办专科院校，校区地理位置涉及重庆中心城区和江津、涪陵、万州、黔江、铜梁、永川、合川、綦江等成渝地区双城经济圈中隶属于重庆地区的较为重要的城镇密集区；成都及周边地区的样本高校包含10所公办本科院校、4所民办本科院校、6所公办专科院校，校区地理位置涉及成都市和雅安、自贡、南充、绵阳、眉山、泸州、德阳、乐山、宜宾、达州等成渝地区双城经济圈中隶属于四川地区的产业发展中心城市。表2-9统计了上述样本高校2021年或2022年毕业生就业创业主要指标，被统计的毕业生人数总计270 092人。同时，本节对表2-9中各高校前三届毕业生就业数据也进行了对比研究，主要结合就业率、就业地区流向、就业行业流向、国内外升学流向、创业率五大指标来分析成渝地区各类高校就业创业的现状和"双循环"战略实施三年以来的变动趋势。

表2-9 成渝地区主要高校2021届/2022届毕业生就业创业现状一览

学校名称	学校所在地	毕业人数	就业率/%	主要就业区域分布占比/%					主要就业行业	升学率/%		创业率/%
				重庆	四川	京津冀	长三角	粤港澳		国内	国外	
西南大学	重庆中心城区	15326	70.2	28.76	17.88	3.56	6.9	5.67	教育、制造、信息软件技术、公共管理和社会保障、科学研究	16.55	3.53	0.32
重庆工商大学	重庆中心城区	7861	55.51	63.65	7.97	2.51	6.28	6.53	制造、金融、信息软件技术、租赁和商务服务、批发和零售	12.75	2.32	0.59
重庆交通大学	重庆中心城区	7383	65.89	37.82	10.68	5.1	12.32	14.42	建筑、制造、教育、科学研究、交通运输仓储和邮政	19.25	0.72	0.51
重庆邮电大学	重庆中心城区	6665	66.6	50.64	9.06	13.67	13.67	13.67	信息软件技术、制造、科研技术服务、文体娱乐、金融	23.66	2.27	0.47
重庆医科大学	重庆中心城区	5962	53.61	69.65	13.31	1.21	4.43	2.38	卫生和社会工作、科研技术服务、教育、公共管理和社会保障	31.43	0.59	0.07
重庆理工大学	重庆中心城区	7567	67.93	57.23	8.23	2.83	12.86	7.69	制造、科研技术服务、信息软件技术、租赁和商务服务、批发和零售	15.22	1.69	0.2
四川外国语大学	重庆中心城区	4272	61.45	43.22	8.89	—	9.59	12.48	教育、制造、信息软件技术、批发和零售、租赁和商务服务	15.92	5.82	0.51
四川美术学院	重庆中心城区	1818	72.83	44.66	8.75	3.36	9.24	5.94	教育培训、文化创意	12.38	2.2	
重庆文理学院	重庆永川区	6002	83.56	66.58	7.48	1.97	6.4	3.69	教育、制造、建筑、信息软件技术、批发和零售	8.95	0.73	1.8
重庆人文科技学院	重庆合川区	5761	79.57	69.37	6.06	—	3.63	2.95	教育、批发和零售、信息软件技术、租赁和商务服务、制造	4.65	0.53	
重庆财经学院	重庆中心城区	4003	58.19	73.43	6.53	1.01	6.04	2.99	信息软件技术、租赁和商务服务、批发和零售、金融、建筑	2	0.92	0.3

表2-9（续）

学校名称	学校所在地	毕业人数	就业率/%	主要就业区域分布占比/%					主要就业行业	升学率/%		创业率/%
				重庆	四川	京津冀	长三角	粤港澳		国内	国外	
重庆外语外事学院	重庆中心城区/綦江区	4835	67.38	68.32	8.48	1.02	3.85	3.96	批发和零售、文体娱乐、建筑、租赁和商务服务、信息软件技术	2.52	1.45	0.25
重庆移通学院	重庆合川区	7176	79.78	67.48	6.64	2.96	6.39	3.48	信息软件技术、制造、批发和零售、租赁和商务服务、建筑	1.76	1.3	0.64
重庆城市管理职业学院	重庆中心城区	5717	50.58	76.3	6.23	0.69	3.15	3.98	批发和零售、租赁和商务服务、信息软件技术、住宿餐饮、文体娱乐	42.68	—	3.69
重庆工业职业技术学院	重庆中心城区	6569	56.15	83.74	4.97	—	3.99	3.39	制造、批发和零售、信息软件技术、租赁和商务服务、建筑	36.69	—	0.87
重庆工程职业技术学院	重庆江津区	6286	54.66	76.14	6.81	—	3.9	3.32	建筑、制造、信息软件技术、批发和零售、租赁和商务服务	33.42	—	0.43
重庆工贸职业技术学院	重庆涪陵区	5835	66.14	85.15	5.21	—	2.28	2.41	制造、信息软件技术、租赁和商务服务、批发和零售、教育、建筑	13.64	0.02	3.53
重庆三峡职业学院	重庆万州区	3536	70.4	78.4	16.9	<0.1	<0.2	0.1	农林牧渔、电子电气设备制造、住宿餐饮、建筑、信息软件技术	14.6	—	6.5
重庆旅游职业学院	重庆黔江区	2164	65.29	65.34	8.72	—	7.3	4.61	批发和零售、租赁和商务服务、住宿餐饮、制造、教育	21.58	0.05	3.28
重庆传媒职业学院	重庆铜梁区	2569	75.09	75.76	5.08	—	—	2.26	住宿餐饮、公共管理和社会保障、居民服务、建筑、卫生和社会工作	16.12	—	1.36
四川大学	四川成都市	16129	59.19	4.56	50.96	5.72	11.68	8.43	信息软件技术、制造、教育、科研技术服务、卫生和社会保障	27.29	6.06	0.22
电子科技大学	四川成都市	9573	93.95	41.29		14.19	15.39	17.63	信息软件技术、科研技术服务、制造、教育、公共管理和社会保障	23.51	1.29	—

表2-9（续）

学校名称	学校所在地	毕业人数	就业率/%	主要就业区域分布占比/%					主要就业行业	升学率/%		创业率/%
				重庆	四川	京津冀	长三角	粤港澳		国内	国外	
西南交通大学	四川成都市	10869	84.44	3.81	39.39	8.32	13.49	11.14	建筑、制造、信息软件技术、交通运输、仓储和邮政、科研技术服务	11.06	<4.5	0.05
西南财经大学	四川成都市	6450	55.94	<49.76		<8.55	<17.4	<14.7	金融、公共管理和社会保障、教育、租赁和商务服务、信息软件技术	15.07	9.12	0.23
西南石油大学	四川成都市	9344	67.97	2.65	61.63	7.67	6.67	6.5	制造、信息软件技术、建筑、采矿、科研技术服务	23.27	1.03	2.28
成都理工大学	四川成都市	9346	70.95	3.09	64.9	4.68	6.18	6.82	信息软件技术、建筑、科研技术服务、制造、教育	16.55	4.53	0.44
西华大学	四川成都市	12857	66.79	4.18	73.98	2.84	5.88	4.13	建筑、制造、信息软件技术、科研技术服务、批发和零售	19.3	0.63	0.45
四川农业大学	四川雅安市	11153	68.99	2.95	47.82	2.15	2.99	3	建筑、制造、农林牧渔、信息软件技术、科研技术服务	24.19	2.04	0.54
四川轻化工大学	四川自贡市	11197	68.38	3.9	75.9	—	4.3	3.5	制造、信息软件技术、教育、批发和零售、建筑	14.47	0.28	0.47
西华师范大学	四川南充市	8158	61.9	4.3	80.72	—	—	—	教育、政府及公共管理、文体娱乐、信息软件技术	23.4	0.4	0.4
四川工商学院	四川成都市	6295	83.69	2.73	80.14	2.02	3.75	2.54	教育、信息软件技术、批发和零售、租赁和商务服务、建筑	7.91	0.3	0.4
成都东软学院	四川成都市	3317	89.95	2.38	79.83	1.78	3.42	3.18	信息软件技术、租赁和商务服务、批发和零售、科研技术服务、建筑	4.25	0.18	0.36
西南财经大学天府学院	四川绵阳市	6420	73.88	<90.08		<1.54	<2.41	<2.75	租赁和商务服务、建筑、金融、信息软件技术、批发和零售	1.92	1.85	0.95

表2-9（续）

学校名称	学校所在地	毕业人数/人	就业率/%	主要就业区域分布占比/%					主要就业行业	升学率/%		创业率/%
				重庆	四川	京津冀	长三角	粤港澳		国内	国外	
四川大学锦江学院	四川眉山市	5293	85.57	2.8	80.42	—	—	—	教育、建筑、金融、信息软件技术、专业设计与咨询	6.42	0.49	
成都航空职业技术学院	四川成都市	3889	79.24	—	67.29	—	—	—	制造、军队、居民服务、信息软件技术、交通运输仓储和邮政	16.58	—	0.15
四川化工职业技术学院	四川泸州市	3127	69.84	—	70.76	—	—	—	化工制造、电子电气设备制造、建筑、信息软件技术	20.56	—	2.49
四川建筑职业技术学院	四川德阳市	6392	70.37	3.16	42.94	6.55	12.72	15.17	建筑、租赁和商务服务、制造、科研技术服务、交通运输仓储和邮政	23.62	—	0.11
乐山职业技术学院	四川乐山市	4048	79.37	1.31	88.36	0.56	5.13	2.43	卫生和社会工作、批发和零售、制造、信息软件技术、租赁和商务服务	15.71	0.02	0.4
宜宾职业技术学院	四川宜宾市	4210	62.9	3.1	81.5	—	—	—	建筑、农林牧渔、电子电器设备制造、运输、食品烟酒加工	20.6	—	2.4
达州职业技术学院	四川达州市	4718	79.86	7.25	87.68	0.26	1.38	1.27	卫生和社会工作、批发和零售、教育、建筑、制造	15.18	—	0.23

数据来源：成渝各高校招生就业网发布的毕业生就业质量报告中，四川大学、电子科技大学、西南财经大学、成都理工大学、四川农业大学、四川工商学院、西南财经大学天府学院、四川大学锦江学院、乐山职业技术学院、宜宾职业技术学院、达州职业技术学院12所大学的就业创业数据为2021届毕业生的情况，其余的均为2022届毕业生的情况。由于各高校统计口径和标准不一样，为统一口径，作者对部分指标的计算值范围进行了统一界定。"就业率"指标统计的就业形式包含签约就业（包括签约就业协议形式、签劳动合同形式、其他签约录用形式、机关单位录用、事业单位录用、国家基层项目录用、地方基层项目录用、选调生、西部计划、"三支一扶"、自主创业、灵活就业、科研助理、管理助理、博士后入站、事业单位就业。"主要就业行业"指标取各高校报告中就业报告中就业行业统计数据前五大行业。

一、成渝高校毕业生就业创业现状分析

（一）成渝高校毕业生就业率现状

成渝地区双城圈内抽样高校的毕业生就业率均值为 69.85%，其中重庆地区高校毕业生就业率较成都及周边地区高校毕业生就业率低 7.62%，两地毕业生就业率中值与均值的差距不大，说明部分高校的毕业生就业率极值对均值的影响不大，如图 2-1 所示。重庆地区毕业生就业率最高的样本高校为重庆文理学院，而成都地区毕业生就业率最高的样本高校为电子科技大，同时也是被调研高校中唯一一所毕业生就业率超过 90% 的高校；重庆地区毕业生就业率最低的样本高校为重庆城市职业管理学院，属于专科院校，而成都地区毕业生就业率最低样本高校为西南财经大学，属于 211/985 院校。总体而言，成都及周边地区高校的整体就业水平要略高于重庆地区。

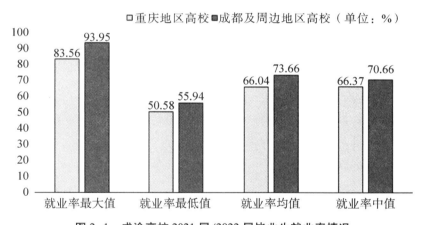

图 2-1　成渝高校 2021 届/2022 届毕业生就业率情况

从两地毕业生就业率最高的两所高校的毕业生学科结构来看，重庆文理学院毕业生的学科专业主要集中于经济管理、美术与设计、电子信息与电气工程、教育、人工智能、园林与生命科学、智能制造相关领域，整体而言偏理工科类，其中，智能制造、人工智能、园林与生命科学相关专业的毕业生就业情况明显高于语言、旅游、经管等文科类专业；而成都地区毕业生就业率最高的电子科技大学，毕业生的学科专业主要集中于信息与通信工程、信息与软件工程、电子科学与工程、计算机科学与工程相关领域，理工科专业毕业生占绝大多数，其就业情况在成渝地区高校中属于较高水平。可见，在双循环背景下的成渝现代产业结构调整过程中，在高端智能制造业领域出现了大量的应届毕业生用人需求，相较而言，由于经济增速的下降、金融市场震荡下行，财会、金融领域的用人需求较双循环战略实施之前相对萎缩，也导致了像西南财经大学这类的以经济、财政、金融、管理为主要学科的高校毕业生就业落实率有所下降。

（二）成渝高校毕业生就业地区分布现状

成渝城市群的崛起使成渝地区双城经济圈与长三角、粤港澳、京津冀地区共同形成中国经济的四大支柱，而要真正成为中国经济版图的"第四极"还需要成渝地区双城经济圈内部各城市群之间协同发展，两地人才链条的互补对接和人才在成渝地区内外部的循环流动也是成渝两地协同发展的重要支撑。图 2-2 统计了 2021/2022 年成渝两地内部的毕业生就业流动情况，以及成渝两地各自流向长三角、粤港澳、京津冀三大重要城市群就业的毕业生占比。

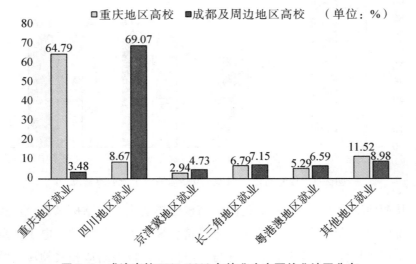

图 2-2　成渝高校 2021/2022 年毕业生主要就业地区分布

虽然成渝两地在规划中已被划为一个整体的经济圈和发展极，但从两地高校毕业生就业地域流向中可以看出，接近 70% 的毕业生都选择在本地就业而非成渝跨区域就业，其中，从重庆地区流往成都及周边地区就业的毕业生高于从成都地区流往重庆的人数，而且大部分都是流往成都中心城区，说明在双城经济圈内部，成都地区的就业机会、就业吸纳力大于重庆地区。除了成渝地区内部的人才循环以外，流往国内三大城市群的成渝人才大约占两地毕业生总数的17%左右，其中，流往长三角地区就业的毕业生比例位居前列，其次是流向粤港澳地区，而相比之下，流往京津冀地区就业的毕业生比例相对较小。除三大城市群以外，流往我国其他地区的成渝高校毕业生大约占总人数的10%左右。从图2-2的数据中可以看出，2022年成渝地区高校参与国内人才大循环的应届人才占毕业生总数的27%左右，即在双循环背景下，成渝地区大约有接近三成的应届毕业生流往我国各地就业，接近七成的毕业生则选择留在成渝本地就业，因此支撑成渝地区双城经济圈发展的人才主力军还是本地高校毕业生。

（三）成渝高校毕业生就业行业分布现状

毕业生的就业行业分布从一定程度上反映了当地高校人才链与区域产业链的契合度。理论上，宏观经济环境、技术进步、产业发展等因素均会对一个地区的就业规模和结构产生影响。宏观经济环境方面，双循环战略实施以来刚好遇到新冠疫情蔓延导致的全球经济下行时期，使我国各地区各行业就业规模都处于缩减阶段；技术进步方面，近年来人工智能、5G、智慧物联网、量子计算、区块链、生物技术等领域的突破性创新使以智能制造为代表的相关行业发展突飞猛进，在经济衰退期异军突起；产业发展方面，成渝地区双城经济圈正在经历传统产业结构变革，向能支撑国内大循环、西部对外开放高地、数字经济发展的现代产业体系转型。在上述经济、技术、产业的变革趋势下，成渝地区高校毕业生的就业行业分布也呈现出一定的关联性。

图2-3对表2-9中各高校毕业生就业前五大行业按行业关键词进行了频次统计，行业关键词出现频次越高，说明该行业对当地高校毕业生的吸纳程度越大，从一定程度也能反映该行业当前人才需求规模、成渝两地的行业人才需求结构以及成渝两地高校的行业人才供给结构。图2-3横坐标上的行业关键词是对成渝地区每一所抽样高校毕业生就业选择前五大行业进行合并提取的不重合关键词，是成渝两地最能吸收毕业生的行业类别；

纵坐标是这些行业在不同高校毕业生就业前五大选择中出现的频次。重庆地区高校在吸纳毕业生最多的行业中，制造业、信息软件技术业、批发和零售业、租赁与商务服务业、建筑业位居前列，在20所被调研的重庆高校中有10所以上高校的大部分毕业生都选择在这些行业就业。此外，在住宿餐饮业领域，重庆吸纳高校毕业生的程度远高于成都地区。成都及周边地区高校在制造业、信息软件技术业、建筑业领域对毕业生的吸纳程度和重庆地区较为相似，信息软件技术业和建筑业的就业吸引力较重庆更为突出，但在批发和零售业以及租赁和商务服务业领域，成都地区的就业吸引力明显远低于重庆地区，然而在科研技术服务领域，成都地区的吸引力要比重庆高出一倍。

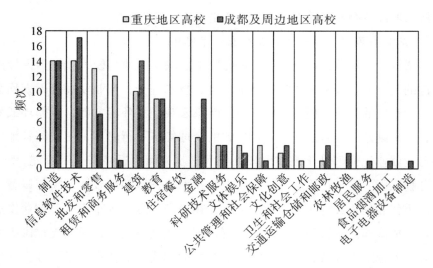

图 2-3　成渝各高校 2021 届/2022 届毕业生就业前五大行业汇总统计

　　综上所述，在双循环战略下的成渝产业结构调整进程中，两地在制造业和信息软件技术业两大领域成为现阶段吸纳应届毕业生最多的行业，这两大行业的转型升级对年轻人才的需求使得成渝各高校信息、通信、计算机科学及工程类专业的毕业生就业率相较于其他文科经管类方向专业更有保障。同时，两地的行业就业结构也存在很明显的区别。第一大区别是，虽然成都中心城区的商业氛围和第三产业发展程度一直以来优于重庆地区，但由于重庆在第三产业规划中开始重点发力建设旅游业、商贸流通业、金融服务业、中介与信息服务业，使重庆地区在批发和零售业、租赁和商务服务业等商业领域的人才需求大量攀升，对毕业生的吸纳力也高出商业发展相对较为稳定的成都地区。第二大区别是在科研技术服务领域，该领域主要需要运用现代科技知识、现代技术和分析研究方法及经验向社会提供智力服务，包括但不限于科学研究、专业技术服务、技术推广、技术孵化、知识产权服务等，由于成都及周边地区集聚了更多的双一流高校，而科研技术服务更多地需要依靠一流高校科研型人才，所以该行业会在成都及周边地区吸纳人才，相较而言，重庆地区更多的高校重视培养的是应用型人才，因此在这一领域的人才吸纳力远低于成都地区。第三大区别是源于成渝两地的地理结构，由于成都处于平原地区，交通运输、农业资源数量和质量拥有先天的优势，因此，在交通运输仓储、农林牧渔、食品及烟酒加工行业领域，成都及周边地区具备重庆地区所缺乏的吸引力，因此与上述领域相关专业的毕业生就业时自然会向成都地区集聚。

（四）成渝高校毕业生国内外升学现状

对成渝高校毕业生国内外升学现状的研究，从一定程度上能反映成渝地区高校人才教育质量的提升情况，以及从出国留学毕业生比例中了解成渝高校人才参与境外人才循环的现状。人才教育质量的提升方面，现阶段绝大多数寻求教育深造最主流的渠道还是通过国内考研考博，因此本部分选用成渝各高校的国内升学率来衡量地区高校人才教育质量提升情况（见图2-4）。而高校人才参与境外人才循环方面，通过对前程无忧、BOSS直聘、猎聘等主流招聘平台的招聘数据分析，仅存在少量针对成渝两地应届毕业生的外派就业机会，且一般集中于新能源、新材料、国际贸易领域，专业倾向于自动化工程、贸易、工商管理类，即很少有企业或其他专业岗位会外派无任何经验的毕业生参与海外工作，因此，本部分选用国外升学率指标来衡量成渝高校毕业生通过海外求学的方式参与外循环的现状（见图2-5）。

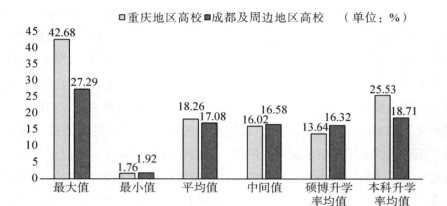

图 2-4 成渝高校 2021 届/2022 届毕业生国内升学率

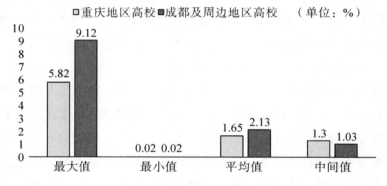

图 2-5 成渝高校 2021 届/2022 届毕业生国外升学率

由于被抽样高校包含本科和专科院校，两类学校的国内升学去向有所差异，本科院校的国内升学率主要是指由本科考取硕士和博士的学生比例，而专科院校的国内升学率主要指由专科考取本科的学生比例。由图 2-4 可知，虽然成渝两地国内升学率均值和中值差距都不是很大，但重庆地区国内升学率最高的院校是有最大专升本比率的重庆城市管理职业学院，而成都地区国内升学率最高的院校反而是有最大硕博升学率的四川大学。单看两地硕博升学率均值和本科升学率均值则可以发现，成都地区高校毕业生国内硕博录取率要高于重庆地区接近 3%，而重庆地区专科院校的专升本比率则超过成都地区 6% 以上。

由于地处内陆地区，受国际教育文化氛围的影响不及沿海地区，成渝地区高校毕业生出国留学比例整体水平不高，均值位于 2% 左右，又鉴于学校性质的差异，国外升学率的极值差较大，国外升学率较高的学校占少数，大部分高校毕业生出国留学比例小于平均值，约为 1%。其中，重庆地区国外升学率最高的学校为四川外国语大学，而成都地区国外升学率最高的是西南财经大学，除此之外，四川大学的国外升学率为 6.06%，也高于重庆地区高校国外升学率的最大值。因此，整体而言，成都及其周边地区高校毕业生通过留学参与境外人才循环的比例要明显高于重庆地区，反映了成都地区的教育对外开放程度略微领先于重庆地区。

（五）成渝高校毕业生创业率现状

2020—2022 年新冠疫情对国内创业环境造成了一定影响，即便各高校的创新创业教育和赛事活动已进入普及阶段，真正能在毕业之前完成创业初步阶段的学生仍然属于极少数群体。如图 2-6 所示，成渝地区高校 2021 届和 2022 届毕业生自主创业率均值仅为 1%，消除极值的影响后，整体创业率还不到 0.5%。成渝两地的专科院校创业率都普遍高于本科院校，而重庆地区高校的创业率又整体高于成都及其周边地区高校的创业率。

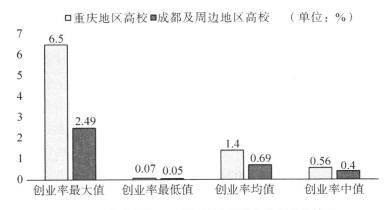

图 2-6　成渝高校 2021 届/2022 届毕业生创业率情况

重庆地区创业率最高的院校为重庆三峡职业学院，其创业率为成都及其周边地区创业率最高的四川化工职业技术学院的 2 倍以上。重庆三峡职业学院作为创业率最高的高校，其创业领域 33.9% 都集中在农林牧渔行业，其余占比靠前的创业领域有建筑业、零售业和电子电器设备制造业，但在这些领域创业的学生人数远少于农林牧渔行业，分别占比 8.7%、

6.1%、5.2%，可见对于位于区县且靠近农产地的高校毕业生，以乡村振兴为主题的创业是创业的最优选择。另外，《重庆三峡职业学院 2022 年毕业生就业质量年度报告》显示，在自主创业成功的毕业生中，86% 都属于机会型创业，即抓住和充分利用市场机会而进行的创业，只有 14% 属于生存型创业，即因找不到合适的工作而进行的创业，对于该校及类似院校的毕业生而言，就业机会减少、就业率下行、无法找到合适的工作并不能成为促使其创业的因素，而真正愿意参与自主创业的学生，一般拥有较强劲的创业想法、发现了创业机会和具有主观意愿驱动力，驱动其创业的主要原因有职业理想就是成为创业者、创业能带来更高的未来收入、有好的创业项目等。

二、基于"双循环"背景对成渝高校就业创业趋势的解读

鉴于"双循环"新发展格局和"成渝地区双城经济圈建设"的提出时间均为 2020 年，本书选取了成渝地区开始将双循环战略和双城经济圈发展战略结合实施后的三年作为研究区间，对被抽样的 40 所成渝高校 2020—2022 年的就业创业数据进行分析，发现以下较为明显的趋势特征。

（一）毕业去向落实率呈倒 U 形走势

毕业去向落实率是反映大学生就业情况和社会对学校毕业生需求程度的重要指标和参考依据，根据教育部对普通高校毕业生就业统计的相关标准，毕业去向落实率是对协议合同就业率、创业率、灵活就业率和升学率的总和统计。在 2020—2022 年这三年间，大部分成渝高校的毕业去向落实率都成倒 U 形走势，即大部分成渝高校 2021 届毕业生的毕业去向落实率在这三年间达到最高点，而 2020 届和 2022 届毕业生的毕业去向落实率都相对较低。由于很多高校的创业率在这三年变化不大且占比不高，其升学率整体处于稳定或提升状态，灵活就业率也略微增长，由此可知，造成毕业去向落实率下滑的最主要因素就是协议合同就业率下滑。在这三年间，对协议合同就业影响最大的外部因素就是新冠疫情的蔓延，部分企业在此期间时不时停工待产，更难以扩大产能招聘新人。但我国不断改进的防控政策使整体经济形势在 2021 年得以短暂缓解，同时在前期的疫情影响下，大部分毕业生意识到就业问题的严重性，自主开始形成慢就业心态，更多

学生提前准备升学、考公等毕业去向落实工作，在一定程度上弥补了协议就业率下降对毕业去向落实率的负面影响。

（二）国内升学率大幅提升

无论是本科院校的硕博升学率还是专科院校的本科升学率，在这三年间大多都以每年2%的增量稳步提升。在就业率没有得以改善的情况下，各学历层次升学率的整体上升其背后反映的是一种结构性失业和摩擦性失业带来的学历内卷现象。在双循环新发展格局的形成过程中，为更好地构建国内大循环经济环境，提升内需比重、提高关键技术、加强重要产业链的韧性，必然会带来新一轮经济结构调整，而对于成渝地区双城经济圈来说，这一调整必然会导致两地产业结构、产品结构、地区结构发生变化，而这些要素所涉及的每一个环节的变动都是需要社会劳动力供应能迅速予以适配，但两地高校的人才培养结构又是根据上一轮经济变动结果设置的，于是导致在地区产业结构面临快速转型需求时，当地高校的人才供给与其需求容易产生错位。这一错位的结果使高校毕业生意识到结构性失业在所难免，因此按社会需求导向更换专业继续深造，或在同一专业上提升学历竞争力，成为毕业生应对毕业即失业最直接的策略。

除了"双循环"背景下成渝两地产业结构调整带来的结构性失业影响以外，摩擦性失业也促使了毕业生选择升学而不是及时就业。摩擦性失业是指经济在调整过程中，由于资源配置比例失调或劳动者主观就业倾向未被满足等原因，使其想要工作与得到工作之间的时间消耗造成的失业。很多毕业生对社会岗位层级分工结构认知不清，在接受大学教育过程中，很容易形成"高不成低不就"的心态，并受网红短视频的影响，容易以偏概全地对一些职业贴上低技术工种的标签，使得更多的学生追逐社会大众普遍认可的相对高薪、品牌和平台相对较好的企业，但这些企业的职位供给有限且要求较高，于是又造成了毕业生形成"提高学历"就能提高就业选择面和达成自主就业目标的认知。然而双循环背景下经济发展需要的人才质量提升，不是单纯的学历提升，而是不同学历层次和不同用人层次所适配的特质提升。因此，成渝两地升学率的提升趋势虽然反映了西部人才受教育整体水平得以提升，但对成渝两地就业质量的提升和产业需求的满足并不一定存在正向推动作用，反而会使企业面临人才雇佣和留住人才成本增大的压力。

（三）全职就业率逐年下滑，灵活就业率缓慢上升

如果用协议就业率的变化代表毕业生参与全职就业的情况的话，成渝地区高校在 2020—2022 年这三年的全职就业情况整体呈逐年下滑趋势，只有少数院校的全职就业率保持稳定或呈正 U 形变化，重庆地区本科院校的就业率要略高于专科院校 5%，成都及其周边地区本专科院校的就业率相当。与此同时，为了在双循环战略和严峻的经济形势导致的失业率攀升情形下保证基本就业率，成渝两地人力资源和社会保障局在就业创业政策实施过程中大力支持并鼓励多渠道灵活就业，在政策和经济形势的双重作用下，灵活就业已成为不少应届生的选择。在我国，灵活就业的种类包括兼职、外包、劳务合作、短期合同、自雇合作、劳务派遣等方式，具体岗位主要涉及以一线生产工人、建筑工、外卖送餐员、快递人员、网约车司机为代表的体力劳动者群体，以 IT 为代表的技术人员群体，以及以客户服务、信息审核、数据标注、网络主播为代表的数字经济服务人员群体。在高校毕业生群体中，思维较为活跃、对学历提升不执着、职业性格偏独立自主和创新创业型的学生，在相关就业指导的引导下，已逐步接受并转为灵活就业的主力军。高校毕业生若能更多地选择和接纳短期灵活就业，对双循环背景下的人才供求结构调整能起到一定的润滑作用。对企业而言，这能解决结构性失业和摩擦性失业带来的周期性"用工荒"难题，并能帮助正在适应新一轮产业结构调整的企业降低雇佣成本、应对业务和产品结构变动带来的不确定性；对学生自身而言，也是在其找到符合其职业理想目标的全职工作之前，为自己争取更多参与社会工作、积累职业经验、提升跨学科职业软技能的机会，以方便未来谋求更理想的工作。

第三章 成渝高校就业创业指导体系发展现状

第一节 成渝高校就业创业指导课程开设现状

无论是国内还是国外，无论现阶段我国产教融合和实践教学的发展趋势如何深入，由于大学生接受教育、获取知识、提升认知的主渠道还是第一课堂，因此大学生就业创业指导相关课程的开设及其在人才培养体系中的定位在现在甚至未来都会是高校就业创业教育最核心的组成部分。教育部在2022年11月发布的《关于做好2023届全国普通高校毕业生就业创业工作的通知》中，在提及建设高质量就业创业指导服务体系的部分，将课程教学资源的建设放在了第一要位，要求各高校进一步完善就业创业指导课程标准、打造优秀就业指导课程和教材、提升就业创业指导课程质量和实效，较以往三届的指导工作更加重视课程教学环节在就业创业指导中的作用。本节将从就业创业教育教学模块融入人才培养课程体系的角度，分析成渝高校就业创业指导类课程的开设现状。

一、以通识课形式开设的就业创业课程

从成渝各高校的2021—2023级人才培养方案中关于就业指导、职业指导、生涯规划、创新创业教育类课程设置中发现，大部分开设有就业创业类课程的高校，主要采用融入通识课程教学体系和融入专业课程教学体系两种方式，前者一般是由学校招就处或职业规划与就业指导中心针对全校

各专业学生开设的广谱式就业创业课程，后者则是二级学院结合其不同专业方向人才培养目标自行开设的专业式就业创业课程。另外，通过对成渝各高校自建的在线课程平台和两地智慧教育平台中的线上就业创业课程开设情况进行调查，发现成渝地区部分公办本科院校已初步建成慕课形式的就业创业课程。

以通识课形式开设的就业创业课程，是面向全校学生开设、以激发学生的就业创业意识为基础、以普及就业创业基础知识为主要内容的广谱式课程，其重点在于向学生科普就业创业知识中综合性、非学科专业性的部分，旨在启发学生的就业创业兴趣，帮助其进行职业理想选择，激发其创新创业潜能，拓展其对人文社会的视野与认知，帮助其树立自我规划意识和创业者精神。

近年，失业率的上升和学生对未来迷茫情绪的攀升，让各高校更加重视大学生就业创业教育在课程体系中的融入。大部分成渝高校都逐步将就业创业课程纳入通识课必修课程体系中。该课程开设学期一般分两种，第一种是首尾呼应式开设，即针对大一入学新生开设，以起到创建就业创业认知导向的作用，针对已具备部分专业知识的大三学生再次开设，以对学生大四学期的实习、实践、试用起到重点指导作用。代表案例如西南大学，分别在大一下学期和大三上学期开设大学生职业发展与就业指导通识必修课，在大一下学期开设大学生创业基础通识必修课（见表3-1）。第二种是全程融入式开设，即不集中在某一学期开设该课程，而是贯穿学生各个学习阶段，课程具体内容会根据不同学期和阶段的学情有所偏向，代表案例如西南财经大学，针对全校学生开设的大学生职业生涯规划与创业基础通识基础课，于大一至大三的每一学期均有开设（见表3-2）。

表3-1　西南大学通识教育必修课程体系中的就业创业课程设置

课程编码	课程名称	学分	总学时	理论学时	实验学时	实践学时	开课学期	大类培养阶段课程	来华留学生课程	辅修课程	辅修学期	考核方式	备注
90110031	大学生职业发展与就业指导A	0.5	8	8			2	√				考查	就业指导
90110032	大学生职业发展与就业指导B	0.5	8	8			5					考试	
	大学生创业基础	1	16	16			2	√				考试	创业基础

资料来源：西南大学2022级本科人才培养方案。

表 3-2　西南财经大学通识教育基础课程体系中的就业创业课程设置

(一) 通识教育基础课								
课程代码	课程名称	学分	周学时	总课时	课堂学时	实践学时	课程性质	开课学期	开课学院
JOB100	大学生职业生涯规划与创业基础	2.0	2	34	34	0	必修	1-6	沉重职业规划与就业指导中心
HUM104	大学生心理健康与人生发展	2.0	2	34	34	0	必修	2	大学生心理健康与人生发展中心

资料来源：西南财经大学 2022 级本科人才培养方案。

　　上述就业创业课程均是以指定必修课程的开设形式融入通识教育，除此之外，也有高校采用的是以选择性必修的开设形式融入通识教育。这种形式在课程的种类上为不同学科专业的学生提供了更多元化、个性化的选择，但需要统一调度各学院的课程资源，根据学校的学科结构、师资结构提前设计好多样化的就业创业课程项目并融入核心通识课列表，以供学生参考和选择。以电子科技大学为典型案例（见表 3-3），在其核心通识课体系中，专门设置了创新创业教育模块，包含了 15 门创业课程，这一模块与"文史哲学与文化传承""社会科学与行为科学""自然科学与数学""工程教育与实践创新""艺术鉴赏与审美体验"五大课程模块共同组成了电子科技大学面向全校学生开设的核心通识课程组合，并在专业人才培养方案中要求在上述六大模块课程列表中按个人兴趣必修 5 学分。这种开设方式的优点是为学生在创业教育领域提供了更多元化的选择，也充分尊重学生的个人兴趣偏好，但缺点是通识课指定必修分数远低于预开设的就业创业课程数量，选课未达到学生人数下限的课程将无法开设，可能导致部分就业创业课程无法持续开展，不利于课程的迭代创新和质量提升。

表 3-3　电子科技大学核心通识课一览

序号	模块	课程名称	课程代码	学分/学时
62		营销管理：互联网思维与应用	A1511420	2/32
63		创业管理	A1511620	2/32
64		成电英才创课	A0421220	2/32
65		创业过程模拟与实训	A1514320	2/32
66		风险投资与创业融资	A1514120	2/32
67		技术与创业管理	A1514220	2/32
68		突破创新的禁区	A1410610	1/16
69	创新创业教育	大学生创业法律风险防范	A1623120	2/32
70		问题驱动的创新与创业	A0609620	2/32
71		领导力与管理思维创新	A1500120	2/32
72		知识产权管理	A1511820	2/32
73		产品经理思维	A1500410	1/16
74		服务管理	A1500520	2/32
75		商业伦理与企业社会创新	A1500320	2/32
76		供应链管理	A1500220	2/32

资料来源：电子科技大学 2023 级本科人才培养方案。

二、以专业课形式开设的就业创业课程

以专业课形式开设的就业创业课程，特指不同学科专业针对本专业及其所属行业人才需求特性开设的就业创业专业课。这类专业式就业创业课程分为两种形式：一种是部分设有商学院或管理学院的学校，为培养企业工商管理人才或创业人才，专门设置的一套职业管理或创业管理课程体系；另一种是非工商管理专业，但其专业性质对创业有辅助作用的专业，比如财会、金融类专业，为使学生毕业后有更多择业方向，在其专业课程体系中专门设置涉及本专业主题方向的就业创业专业课。

高校商学院或管理学院开设的创业管理方向专业课程就是上述第一种专业式就业创业课程的典型代表，这类开课形式和课程体系在 20 世纪 50

年代在美国很多著名高校的商学院中得以普及，也于 20 世纪 90 年代逐步引入我国各高校商学院。在成都地区，以四川大学商学院的工商管理硕士专业为例，其"新创业务管理"专业方向的课程设置基本涵盖就业、职业规划和创业的所有核心教学模块（见表 3-4）。

表 3-4　四川大学商学院工商管理硕士就业创业相关专业课程一览

课程类别		课程代码	课程名称	学时	学分
必修课	基础理论课	M20007	创业策划	32	2
	职业素养课	M20014	商业伦理	16	1
		M20015	职业形象塑造	16	1
专业方向课	新创业务管理	M34001	新创业务开发管理	32	2
		M34002	高技术商业化管理	32	2
		M34003	新创企业成长管理	32	2
		M34004	新创企业财务规划	32	2
		M34005	新创企业融资管理	32	2
		M34006	新创业务战略与经营模式设计	32	2
		M34007	新创企业文化设计	32	2
		M34008	企业知识管理	32	2
		M34009	新创业务风险管理	32	2

资料来源：四川大学工商管理硕士（MBA）学位研究生培养方案。

　　而成渝地区一些应用型本科民办高校部分学科专业为提升本专业学生的就业率、长期职业规划能力、自主创业和辅助创业意识，在其课程体系中也增设了有专业特色的就业创业课程。在重庆地区，以重庆财经学院的金融类专业为例（见表 3-5），在其人才培养方案中，除了在通识课程体系中融入了广谱式就业创业类课程，如大学生职业生涯与发展规划和大学生创业基础课程以外，在其专业课程体系的职业道德与专业素养模块和就业创业模块，还分别开设了创业金融和金融职业发展与就业指导课程，旨在培养金融类专业学生将投融资技能应用在创业领域，以及提升本专业毕业生在金融行业就业和长期发展的概率。

表 3-5　重庆财经学院金融学专业就业创业课程开设一览

课程类别	课程名称		课程性质	学分	总学时	讲课学时	实践学时	考核方式	开课学期	开课单位
通识必修课	大学生职业生涯与发展规划		必修	0.5	8	8	—	考查	1	招就
	大学生创业基础		选修	1.0	16	16		考查	2	双创
专业必修课	职业道德与专业素养模块	创业金融	必修	2.0	32	24	8	考试	6	金融
	就业创业模块	金融职业发展与就业指导	必修	1	16		16	实训报告	7	金融

资料来源：重庆财经学院 2022 级金融学类专业本科人才培养方案。

三、以线上课形式开设的就业创业课程

各产业及其细分行业的数字化转型是"双循环"背景下的一大发展趋势，特别是在新冠疫情期间，数字化办公在外部环境的刺激下得以普及。同样在教育教学领域，相较于传统的线下课程，线上课程以及线上线下混合课程越来越受到各高校的重视。由于线上课程具备跨越地域边界、时间边界、人数限制等多重优点，对于就业创业指导这一类有社会服务属性的课程尤其适用，就业创业指导课程的线上化，不仅能满足高校在校学生的学习需求，同时也能通过线上知识传播服务本校或他校应届和往届毕业生以及社会人士。

成渝地区高校开设线上就业创业课程的平台主要有两类，一类是高校自建的网络课程平台，另一类是两地的高等教育智慧教育平台。除此之外，还有中国大学 MOOC、学堂在线、智慧树等面向全国的大型公开在线课程平台，在这些全国性在线课程平台开设和发布就业创业类课程资源也会同时共享于成渝两地高等教育智慧教育平台中。鉴于在线课程资源存在同一资源多平台发布的特点，因此本节主要探讨在成渝高校自建网络课程平台、重庆智慧教育平台和四川智慧教育平台上的就业创业指导课程开设现状。

（一）成渝高校自建网络课程平台开设的就业创业课程

大部分成渝地区公办本科院校基本已建有院校自有的网络课程平台，用以发布校内在线开放课程学习资源，但部分民办本科院校以及专科院校

在自有网络课程平台的建设上还较为落后，要么是处于还未建设阶段，要么使用诸如学堂云这类第三方平台发布在线课程，但在线课程资源较少，多数为专业课程，很少有专门的就业创业类课程资源。在重庆地区高校中，在线就业创业课程开设较多、指导资源较为丰富、有实际学习点击量作为支撑的高校是重庆交通大学，发布在重庆交通大学在线学习中心平台上的本校就业创业课程数量、代表性课程名称、开设院系、点击量、创建时间如表3-6所示。

表 3-6　重庆交通大学在线就业创业课程开设情况一览

指导类别	开课门次	代表性课程名称	开设部门	点击量/次	建设时间
就业指导类	6门（50次）	就业与职业能力综合实践	就业创业指导服务中心	7 520 838	2018—2023年
		职业生涯与就业指导	就业创业指导服务中心	10 336 606	2018—2023年
		大学生情商与成功就业	航空学院	198 554	2020—2023年
创业指导类	60门（102次）	创新创业基础	就业创业指导服务中心	167 903	2022—2023年
		大学生创业基础	就业创业指导服务中心	160 673	2015—2019年
		企业创新管理	经济与管理学院	211 067	2020—2023年
		创业基础	就业创业指导服务中心	7 619 181	2018—2023年

数据来源：重庆交通大学在线学习中心。

在成都及其周边地区高校中，如四川大学、西南财经大学都建有自己的网络课程平台，但有很多高校是和超星尔雅公司共建的智慧教学平台。经调研发现，这些在线课程平台上发布的就业创业课程大部分还处于待建状态，或是只有部分视频教学资源，且完全没有点击率，说明虽然这些高校有计划建设在线就业创业指导课程，但尚未引导学生通过在线课程平台获取就业创业指导教学。比如四川大学的智慧教育平台"大川学堂"开设的37门就业指导类在线课程项目中，只有职业生涯规划与发展1门就业指导课程有10 825点击量，其余课程均为0点击量和0资源更新；相较就业指导类课程而言，平台开设的38门创业指导类在线课程项目中有21门有观看点击量，但点击量过万的课程也仅有两门，即"智能时代下的创新创业实践"和"创造性思维：创新、创造课程"，其余课程点击量最低只有个位数，最高也只能达到 2000 左右。

（二）成渝两地高等教育智慧教育平台开设的就业创业课程

尽管成都及周边地区高校在自建网络课程平台上发布的就业创业课程资源存在明显不足，却有很多高校参与了四川高等教育智慧教育平台上的就业创业课程建设，说明相较于重庆而言，以成都为代表的四川地区高校更重视借助传播力度更大的平台开设在线课程。

上述成都地区高校选择的就业创业在线课程开设渠道其实更符合"双循环"背景下的教育战略目标。"双循环"新发展格局倡导的是国内生产部门各环节的高质量发展，以及相互促进并推动整体经济的高质量发展，这意味着为经济发展输送人才和技术知识、提升人口质量的高等教育领域同样也面临着由普及化发展阶段转入高质量发展阶段，又加之这些年人们生活、学习行为习惯的改变，高校师生及社会学习者对优质的在线教育资源、高品质在线教育服务、规范化的在线教学管理的需求日益强烈，而由于高校自行建设的网络课程平台存在标准不统一、维护质量差异较大、平台资源分散化等问题，教育部于 2022 年启动实施了"高等教育数字化战略行动"，打造并推出"智慧高教"平台，旨在解决各类学习者在使用中遇到的资源分散、数据不同、管理不规范等问题。而各地教育主管部门也纷纷响应，打造地方性高等智慧教育平台，四川智慧教育平台是由四川省教育厅作为指导单位、四川省教育信息化与大数据中心主办的数字教育平台，而重庆智慧教育平台则是由重庆市教育委员会主办的数字教育平台。

在这两大平台的就业指导类在线课程的开设上，重庆地区本科类高校现阶段没有进行任何相关课程开设，但重庆地区高职类院校在针对创业指导类在线课程的开设上更为积极，截至 2023 年 11 月，重庆高等教育智慧教育平台共有 10 所高职院校先后开设了 31 门创业指导类课程，只有 1 所高职院校开设了 1 门就业指导类课程，这些课程的在线学习人数最高达到3 679 人次，最低只有 14 人次。相比之下，成都及其周边地区的本专科院校在智慧平台上的开课情况刚好相反，更多本科高校参与在线就业课程建设，开课数量是专科院校的六倍，具体开设情况如表 3-7 所示。

表 3-7 四川智慧教育平台就业创业在线课程资源情况一览

指导类别	院校类别	开课门数	代表性课程名称	开设院校	智慧平台浏览量	开课来源	累计选课人数
就业指导类	本科	13 门	大学生职业生涯规划与就业指导	西南民族大学	19.74 万	智慧树	24.73 万
			大学生就业 21 问	西华大学	10.29 万	智慧树	12.25 万
	专科	2 门	大学生职业生涯规划与就业创业指导	四川水利职业技术学院	—	智慧树	8.85 万
创业指导类	本科	49 门	智能时代下的创新创业实践	四川大学	10.72 万	学堂在线	16.32 万
			中医药创新创业	成都中医药大学	4.14 万	学银在线	4.08 万
			医学生创新创业基础	川北医学院	1.8 万	智慧树	2.28 万
			大学财商新思维与创新创业	西南财经大学	0.97 万	学堂在线	1.88 万
	专科	8 门	大学生创新创业与就业指导	内江职业技术学院	—	学银在线	2.58 万

数据来源：四川智慧教育平台（www.sc.smartedu.cn）。

第二节 成渝高校就业创业实践活动开展现状

课程体系的建设是就业创业教育第一课堂教学活动的核心，在帮助大学生掌握就业创业理论知识和提升社会工作及职业认知能力方面有较大的作用，但由于就业创业是与社会实践紧密挂钩的活动，仅仅是以理论和少量实践为主导的第一课堂无法全面提升大学生就业创业能力，还需要以实践教学为主导的第二课堂建设来完善高校就业创业指导体系。在本书中，将除了第一课堂就业创业课程教学活动以外的育人活动均归为就业创业实践活动的范畴，就业创业实践活动具有多方社会主体参与性、开展形式多样性、主题多元化、开放协同性等特点，与第一课堂的课程体系共同构成高校就业创业教育生态。

成渝高校在开展地区性就业创业实践活动方面，现已基本形成多社会主体参与、形式多样的就业创业活动体系，但在活动组织策划层面，主要还是以高校和政府职能部门两类主体主导活动的开展：一类是由高校自己主导策划、面向本校学生的就业创业实践活动；另一类则是由地方人力资源和社会保障局主导策划、面向多校开展的就业创业实践活动。

一、由高校主导的就业创业实践活动

高校大部分就业创业实践活动的开展都是由学校负责就业创业工作的相关部门或二级学院涉及毕业生实习实践的教研室主导实施。面向全校学生的就业创业实践活动，一般由校招生就业处、学生职业规划与就业指导中心、双创中心、实践教学中心、创新创业学院等部门负责组织开展，而面向特定专业方向的就业创业实践活动，一般由二级学院分管相关专业的教研室负责人组织开展。

本节从成渝地区双城经济圈所辖范围内筛选出的 59 所有一定学科专业代表性、区域代表性，且毕业生规模相对较大的本专科院校，对其在 2020—2022 年开展的就业创业实践活动进行调研，发现在"双循环"新发展格局形成和布局的前三年里，成渝高校为了应对新冠疫情反复冲击、社会需求持续减弱、成渝地区产业结构调整导致的岗位供给结构变化以及毕业生群体越发突出的消极情绪和就业压力，主动出击推进就业创业活动的开展。相较于"双循环"新发展格局提出之前，成渝高校的就业创业实践活动在开展数量、种类上都有了较为明显的提升。按成渝高校 2020—2022 年开展的各类就业创业活动性质分类，可以大体分为招聘类活动、指导咨询类活动、竞赛类活动、实践基地活动及其他专项活动五类，每个类别所涉及的活动种类和开展方式如表 3-8 所示。

表 3-8 成渝高校主导的就业创业实践活动开展情况一览

活动类别	典型实践活动	活动开展方式及面向群体
招聘类活动	网络双选会	各高校推行的"互联网+就业"模式，通过学校和企业微信公众号、直播招聘平台等渠道，将双选会由线下搬至线上，实现跨地域的企业和学生连线的网络招聘会
	校园双选会	联合行业协会、工业园区、校友会、政府人力资源和社会保障部门、人才市场、招聘平台举办的、面向全校大四应届毕业生开展的中大型双选会

表3-8(续)

活动类别	典型实践活动	活动开展方式及面向群体
	企业专场招聘会	由高校招就处或二级学院负责人单独引进某一有精准用人需求的企业,面向特定专业学生群体开展的小型招聘会
	帮扶专场招聘会	主要针对有助学贷款等特殊困难学生群体开展的助学助业招聘会
指导咨询类活动	一对一就业帮扶活动	重点针对家庭经济困难、就业困难、心理问题的毕业生,发动学院领导、辅导员、专业教师,结成"一对一"就业帮扶对子,通过心理辅导、技能培训、优先推荐、经济资助等方式,帮助学生解决就业问题
	一对一职业指导及心理咨询活动	由学校组织打造专业化生涯咨询团队,通过学生的预约,为每个学生提供一对一的个性化生涯规划和就业指导服务,及时疏导毕业生求职焦虑等心理问题,帮助毕业生调整就业预期,科学规划职业生涯,提升学生就业创业主动意识和行动力
	就业创业主题培训及讲座活动	由各高校组织校内外职业指导师资、引入企业指导师资,举办与就业创业或职业生涯主题相关的讲座及培训,或是开展升学、公务员报考、选调生职业适应等主题的培训
	国家/西部基层项目就业宣传指导	通过公开讲座、班会、政策宣讲、答疑会、网络直播等方式开展基层项目的宣传、推荐和培训工作,鼓励和引导大学生参与应征入伍、西部计划、"三支一扶"等基层就业项目
竞赛类活动	"智汇巴蜀·成渝双城及经济圈"大学生模拟求职招聘大赛	由学校宣传并组织学生参与四川省人力资源和社会保障厅、四川省教育厅、重庆市人力资源和社会保障局、重庆市教育委员会联合举办的模拟求职招聘大赛,该大赛由成渝两地高校同步推动,面向川渝地区20万人以上参赛学生,经过高校初赛、川渝片区赛、总决赛三阶段角逐,帮助川渝两地大学生强化其职业生涯规划、提升其求职就业能力,以促进其高质量充分就业
	"互联网+"大学生创新创业大赛	由学校组织校级"互联网+"创新创业参赛项目竞赛,优胜者可参与重庆市和四川省的竞赛角逐省级奖项,以及参与中国国际"互联网+"大学生创新创业大赛角逐国赛奖项
	"挑战杯"竞赛	"挑战杯"竞赛在中国共有两个项目:一个是"挑战杯"中国大学生创业计划竞赛;另一个则是"挑战杯"全国大学生课外学术科技作品竞赛。这两个项目在全国竞赛交叉轮流开展,每个项目每两年举办一届。该竞赛被誉为中国大学生科技创新创业的"奥林匹克"盛会,是国内大学生最关注、最热门的全国性竞赛,也是全国最具代表性、权威性、示范性、导向性的大学生竞赛。因此,"挑战杯"每届都由高校组织持续打造并遴选参赛项目,通过这一打造过程,提升学生的双创能力
	其他校级竞赛	如毕业生简历大赛、职业生涯大赛等,主要通过比赛方式激励学生熟悉就业过程中的必要环节,包括完善、提升面试技巧等

表3-8(续)

活动类别	典型实践活动	活动开展方式及面向群体
实践基地活动	创新创业实践基地建设	学校联合产业园区搭建创新创业实践基地,为有创业需求的学生提供公司注册场所、生产场所、办公场所、产品销售及业务运营场所等
	众创空间孵化基地建设	一般是在校内自建双创空间区域,面向校内师生群体开放,采取部分服务免费或会员服务制度,为师生创业者提供相对较低成本的创业项目或公司孵化环境,并定期举办双创沙龙、训练营、培训等活动,促进校内创业者之间的交流和圈子的建立
	大学生创新创业训练计划项目	由学校遴选优秀的大学生参与创新创业训练计划项目,从校级立项推荐到省部级评选,最终入选至国家级大学生创新创业训练计划项目。该项目从2012年开始运作,至今已经运作了12年
	大学生科技创新项目	由学校从校级层面鼓励并组织学生参与科技创新项目立项申报,指导学生项目迭代更新,参与各类大学生科技创新竞赛,以比赛促进创业和技术成果转化,创造社会效益或经济效益
其他专项活动	访企拓岗促就业专项行动	一般采取"学校统筹+学院主体+部门联动"结合的方式,由学校书记校长亲自带头走访用人单位,充分挖掘企业资源,拓展就业渠道,主动挖掘有空缺岗位的用人单位进校招聘
	就业见习助力乡村振兴活动	部分校区靠近郊区乡村地带的高校,举办的面向"三农"发展需求的就业见习推荐活动,鼓励大学生深入乡村服务实践,在艰苦环境锤炼才干,提升职业能力和刻苦奋斗的优良品质

资料来源:2020至2022届成渝高校毕业生就业质量年度报告。

二、由地方人力资源和社会保障部门主导的就业创业实践活动

2020年后,在双循环格局下推进的各环节高质量发展进程下,为深入贯彻党中央、国务院、地方政府对全方位推进公共就业服务、促进更充分的高质量就业的工作要求,川渝两地人力资源和社会保障部门在近三年按照人力资源和社会保障部每年发布的有关"全国公共就业服务专项活动"的通知,加大力度开展全四川省和全重庆市的就业创业实践活动。在两地人力资源和社会保障部门主导的面向社会公众的就业创业专项活动中,大部分活动都是针对两地高校毕业生的就业创业指导,由于这些活动将区域就业创业资源与地方性高校高度绑定,因此,可将人力资源和社会保障部牵头开展的就业创业指导活动也归入高校就业创业实践活动体系的一部分。

相较于高校主导的就业创业实践活动而言，人力资源和社会保障部门主导的活动优势在于影响面更大、涉及的就业资源更多更广，且经费较部分高校更为充足，为毕业生提供的职业指导师资更为专业；缺点在于这些活动更偏向于就业实践，涉及创业指导的活动较少，并且由人力资源和社会保障部门提供的岗位缺乏对高校学科专业的针对性，使得专业对接的精准度有所下降。以重庆地区为例，重庆市人力资源和社会保障局于2021—2023年组织的适合高校大学生参与的公共就业服务专项活动如表3-9所示。

表3-9　2021至2023年重庆人力资源和社会保障部门牵头
开展的面向高校的就业服务专项活动

活动名称	开展时间	开展部门	开展内容
"重庆英才·职等您来"网络直播带岗招人招才公共就业服务	2021—2023全年	市人力资源和社会保障局牵头，各区县人力资源和社会保障部门共同参与	以高校毕业生、退役军人、农民工等各类有求职意愿的求职者和事业单位、国有企业、民营企业等各类有招聘意愿的用人单位为重点对象，由重庆市人力资源和社会保障局牵头，各区县人力资源和社会保障部门配合，每周五固定开展网络直播招聘，畅通供需对接渠道，促进求职者就业
"大创慧谷，创就未来"高校毕业生就业创业服务行动	2021—2022全年	各区县人力资源和社会保障部门	以高校毕业生为重点对象，兼顾离校未就业高校毕业生，由各区县人力资源和社会保障部门牵头开展，实现就业服务不断线，支持高校毕业生就业创业
成渝双城就业创业博览会	2021年2-3月	市人力资源和社会保障局牵头，相关市级部门参与，各区县人力资源和社会保障部门配合	采取会、展、赛、研等相结合的形式，举办职业指导模拟大赛、就业创业研讨会、渝创渝新创业项目展示、"重庆英才·职等您来"网络直播带岗、现场招聘对接活动等
"就在山城，圆梦青春"重庆市普通高校毕业生大型网络双选活动	2021—2022年每年3-6月	市人力资源和社会保障局联合市教委牵头，各区县人力资源和社会保障部门配合	以应届高校毕业生为重点对象，由重庆市人力资源和社会保障局联合市教委共同牵头，各区县人力资源和社会保障部门配合开展，帮助未就业应届毕业生尽早实现就业
全国高校毕业生就业网络联盟联合招聘周	2021年3月、6月、9月、11月	市人力资源和社会保障局牵头，各区县人力资源和社会保障部门配合	以高校毕业生为重点服务对象，由市人力资源和社会保障局牵头，为高校毕业生提供重点帮扶
大中城市联合招聘高校毕业生专场活动	2021—2022年每年3-6月、9-11月	相关区县人力资源和社会保障部门、教育部门和有关高校	以应届高校毕业生及离校未就业高校毕业生为重点对象，由相关区县人力资源和社会保障部门、教育部门和有关高校联合开展，为高校毕业生求职择业和用人单位招聘人才提供精准对接服务

表3-9(续)

活动名称	开展时间	开展部门	开展内容
公共就业服务"五进"活动	2021—2022年每年3-6月、9-11月	相关区县人力资源和社会保障部门联合当地教育部门、工会、工商联、有关高校	以高校毕业生为重点,由相关区县人力资源和社会保障部门联合当地教育部门、工会、工商联、有关高校,以"走进去"与"请出来"相结合的方式,组织开展进校园、进人力资源市场、进社区、进企业和进园区活动,促进高校毕业生就业创业
民营企业招聘月	2021—2023年每年4月	各区县人力资源和社会保障部门联合当地教育部门、工会、工商联	以民营企业和各类求职者为重点对象,由各区县人力资源和社会保障部门联合当地教育部门、工会、工商联开展,为民营企业和求职者搭建优质、高效的供需交流平台
百日千万网络招聘专项行动	2021 2023年每年5-8月	各区县人力资源和社会保障部门牵头	以高校毕业生、农民工、城镇失业人员等为重点对象,由各区县人力资源和社会保障部门牵头开展,为求职者和用人单位提供便捷高效的对接渠道
高校毕业生就业服务行动	2021—2022年每年7-12月	各区县人力资源和社会保障部门	以应届离校未就业高校毕业生及往届未就业高校毕业生为重点对象,由各区县人力资源和社会保障部门开展,促进有就业意愿的离校未就业高校毕业生就业创业
重庆市普通高校毕业生就业大型双选活动	2021—2022年每年10-11月	重庆市人力资源和社会保障局联合重庆市教委牵头,各区县人力资源和社会保障部门配合	以应届高校毕业生为重点服务对象,由市人力资源和社会保障局联合市教委共同牵头,各区县人力资源和社会保障部门配合开展,帮助应届高校毕业生尽早实现就业
人力资源市场高校毕业生就业服务周	2021—2023年每年11-12月	各区县人力资源和社会保障部门	以应届高校毕业生、往届有就业意愿的离校未就业高校毕业生及"三支一扶"计划等基层服务项目期满未就业人员为重点对象,由各区县人力资源和社会保障部门开展,为高校毕业生提供就业服务
就业见习专场招聘会	2023年3-5月、7-9月	各区县人力资源和社会保障部门	以应届高校毕业生及离校未就业高校毕业生为重点对象,由相关区县人力资源和社会保障部门、教育部门、有关高校联合开展,为高校毕业生和就业见习基地提供就业见习专场招聘活动和对接上岗服务

表3-9(续)

活动名称	开展时间	开展部门	开展内容
公共就业服务进校园	2023年3-6月	重庆市人力资源和社会保障局牵头，各区县人力资源和社会保障部门配合	以应届高校毕业生和有招聘需求的各类用人单位为重点对象，由重庆市人力资源和社会保障局、重庆市教育委员会牵头组织，各区县（自治县）人力资源和社会保障部门、重庆市内各高校高频次在校园内开展就业、创业、培训等服务，促进应届高校毕业生充分就业
离校未就业高校毕业生服务攻坚行动	2023年7-12月	各区县人力资源和社会保障部门	以应届离校未就业高校毕业生及往届未就业高校毕业生为重点对象，针对未就业毕业生和失业青年求职需求，由各区县人力资源和社会保障部门开展政策落实、困难帮扶系列服务，促进有就业意愿的离校未就业高校毕业生就业创业
离校未就业高校毕业生"职业技能培训+就业见习"专项促进行动	2023年7-12月	各区县人力资源和社会保障部门	以应届离校未就业高校毕业生及离校2年内未就业高校毕业生为重点对象，由各区县人力资源和社会保障部门针对其就业见习意愿，精准推送合适的见习岗

资料来源：重庆市人力资源和社会保障局（rlsbj.cq.gov.cn）。

第三节　成渝高校就业创业指导师资发展现状

高校教师或企事业单位职业指导师是高校就业创业课程教学活动和实践教学活动的主要组织者、实施者与指导者，就业创业指导师资队伍的专业素质及经验技能水平直接影响就业创业指导活动的开展质量，因此，指导师资一直是高校就业创业指导体系的重要组成部分。

为了解双循环背景下，成渝地区双城经济圈内高校就业创业指导师资的发展现状，本节选取的调研对象为2021—2023年间参与了三届成渝地区双城经济圈职业指导模拟大赛的川渝两地就业创业指导师，共计286人，并从专业能力维度、从业经验维度、职业发展维度三方面对被抽样的就业创业指导师资的发展现状进行了调研，其中大部分参赛指导师是来自川渝两地高校教师，包括专职教师、辅导员以及负责招生就业的行政人员，少部分来自川渝两地人力资源和社会保障部门、猎头企业、企业人事部门中拥有高校毕业生就业指导经验的职业指导和就业咨询专业人士。调研指标的选取如表3-10所示，调研问卷的设计见本书附录。

表3-10 就业创业指导师资专业素质衡量指标构建

指标类别	具体衡量指标	分析方法
专业能力指标	就业创业指导资格认证获取情况	定性分析、比例分析
	专兼职指导情况	定性分析、比例分析
	就业创业相关理论掌握程度	定性分析、比例分析
	职业测评工具掌握程度	定性分析、程度量表分析
从业经验指标	就业创业指导年限	定量分析、比例分析
	就业创业指导频次	定量分析、比例分析
	对成渝地区人才市场趋势熟悉程度	定性分析、程度量表分析
职业发展指标	培训研修的方式和时长	定性分析、定量分析
	就业创业指导工作与自身发展的关联性	关联性分析
	职业发展激励因素	关联性分析、程度量表分析

一、就业创业指导师资专业能力现状

（一）就业创业指导资格认证获取情况

相关从业资格证书在一定程度上反映了从业人员的学习能力和专业水平。我国关于就业创业指导领域的证书，现在大部分都已退出国家职业资格目录，实行市场化运作，一般由国内外行业协会、业界认可度较高的职业资质培训机构、国家市场监督管理总局、人力资源和社会保障部等机构或部门承担相关资质的认证工作。2020年至今，被职业指导及咨询领域广泛接受和认可的资格证书有中国职业规划师CCDM、全球职业生涯规划师GCDF、全球生涯教练BCC、人力资源管理师、创业指导师等。成渝高校就业创业指导教师具有的上述相关资格认证情况如图3-1所示。

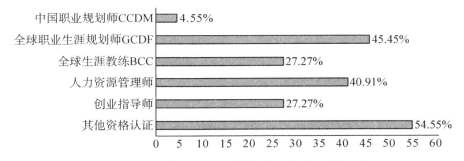

图 3-1 成渝高校就业创业指导师资格认证获取情况

在被调研的指导师中，获取认证最多的证书是 GCDF 证书和人力资源管理师证书。其中，有 45.45% 的指导师具有由北森生涯教育科技公司从美国引进的 GCDF 全球职业生涯规划师证书，该认证属于 NBCC（国际咨询师认证管理委员会）推广的一个全球性的认证体系，专门用来培养专注在职业生涯规划领域的专业人员，该认证起源于 20 世纪 90 年代中期，由 CCE（美国国家教育与考试中心）与国家职业发展协会和国家职业信息协调委员合作开发，于 1997 年在美国正式启动，该计划最初被称为职业发展促进者（CDF™），在 2001 年更名为 GCDF，该资格现阶段主要由我国北森生涯教育机构在进行市场化运营管理；有 40.91% 的指导师具有人力资源管理师资格证书，该资格是一种职业技能鉴定证明、劳动工种（岗位）操作技能证明、职业准入证明，考核合格者由中华人民共和国人力资源和社会保障部颁发相应等级的职业资格证书，实行统一编号登记管理，可在国家劳动部官方网站网上查询。大部分指导师考取的是职业指导类资格认证，仅 27.27% 的指导师拥有创业指导类认证，说明在成渝地区经常参与高校学生指导工作的就业创业指导师中，更多偏向就业和职业生涯指导，少有创业指导资格支持，进行创业指导的师资更多来自高校自带创业项目的科研人员或企业具有创业和管理经验的从业者。除了问卷选项罗列出的认证资格以外，其他被指导师拥有的资格证书还有国家二级职业指导师、职业测评解读师、ECC 就业胜任力教练等，这些资格证书主要从理论角度证明了就业指导人员对就业创业基础知识体系的基本掌握能力。

（二）就业创业相关理论掌握程度

为进一步了解拥有相关资格的师资团队对常用就业创业理论的掌握程

度和熟悉偏好，本节采用雷达图对被调研师资的就业创业常用理论掌握情况进行了分析（见图3-2）。

就业创业指导常用理论	完全不懂	略微了解	基本掌握	较为熟悉	非常熟悉
马克思的社会分工理论与青年择业思想	13.64%	31.82%	13.64%	22.73%	18.18%
帕森斯的特质因素论（人职匹配理论）	4.55%	13.64%	13.64%	36.36%	31.82%
霍兰德的人业互择理论	4.55%	9.09%	13.64%	45.45%	27.27%
施恩的职业锚理论（职业定位理论）	13.64%	22.73%	13.64%	36.36%	13.64%
金兹伯格的职业发展理论	18.18%	13.64%	13.64%	36.36%	18.18%
舒伯的生涯发展理论（生涯彩虹图）	0%	18.18%	13.64%	40.91%	27.27%
创业计划、商业创意、企业管理运营相关理论	0%	22.73%	27.27%	40.91%	9.09%

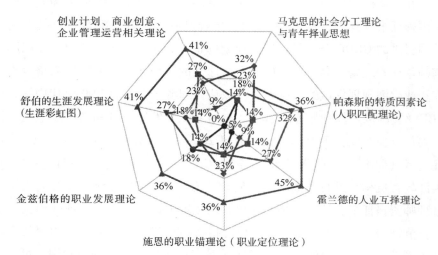

图3-2　成渝高校就业创业指导师相关理论掌握情况

从图3-2中可见，创业相关理论、生涯发展理论、从业互择理论是成渝就业创业熟悉程度最高的三类理论，有接近40%左右的师资群体对这三类理论表示"较为熟悉"；但还是存在13%~18%的师资对除生涯发展理论和创业理论以外的常用理论处于"完全不懂"状态；大部分师资对马克思的社会分工理论与青年择业思想停留在"完全不懂"到"基本掌握"的状态，说明现阶段就业创业指导师资接受的职业指导理论知识主要被美国就业创业教育研究体系下的理论框架所主导。整体而言，为成渝高校学生提供就业创业指导的师资对相关理论的了解程度处于较高的水平。

（三）职业测评工具的掌握程度

无论是高校职业指导还是企业招聘和管理，现代人力资源管理和人才挖掘已开始普遍采用科学测评的方式为招聘者和管理者的用人决策提供辅助参考，因此，职业测评工具在就业创业指导中发挥着至关重要的作用，同时，如果指导师不了解职业测评原理，就无法对职业测评的结论进行深度解读，很容易造成职业测评工具的滥用，无法真正帮助就业者了解自己的择业创业偏好，导致本就处于迷茫状态的高校学生更加迷惑或被误导。

就业创业指导常用测评工具	完全不懂	略微了解	基本掌握	较为熟悉	非常熟练
职业锚测试	4.55%	22.73%	18.18%	40.91%	13.64%
WVI工作价值观问卷	18.18%	18.18%	22.73%	27.27%	13.64%
MBTI职业性格测试	4.55%	9.09%	9.09%	40.91%	36.36%
FFM 大五人格测试	13.64%	9.09%	36.36%	27.27%	13.64%
霍兰德职业兴趣量表	0%	13.64%	13.64%	22.73%	50%
贝尔宾团队角色测试	27.27%	4.55%	36.36%	22.73%	9.09%

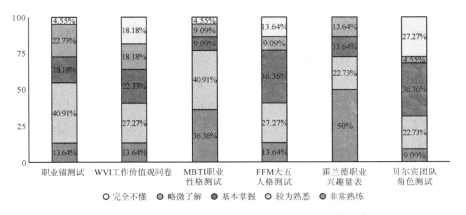

图 3-3　成渝高校就业创业指导师职业测评工具掌握情况

从图 3-3 中可以看出，首先，被指导师认为最为熟悉的两大测评工具为 MBTI 职业性格测试和霍兰德职业兴趣量表测试，这是大部分高校在大学生就业通识教育中常用的测试工具，但同时也是最容易被贴标签式滥用的测试工具，比如 MBTI 一般需要针对在某一个职业岗位上有较长工作经验的人进行测评才会出现较为稳定的职业性格结果，若对没有任何职业经验的学生进行测评，可能会出现多种结果，需要指导师根据学生具体性格和经历具体分析才能进行判定；其次，40%以上的师资对职业锚测试"较为熟悉"，这一测试工具是在美国麻省理工大学斯隆商学院著名的职业指导专家埃德加.施恩（Edgar H.Schein）教授领导的专门研究小组对该学院毕业生的职业生涯研究中演绎而成的，该测试工具基本能对高校学生的职业意向进行有效评价；再次，对于大五人格测试和贝尔宾团队角色测试，大部分师资仅处于"基本掌握"和"略微了解"状态，然而大五人格测试对学生性格的分析的科学性优于大部分师资所熟悉的 MBTI 职业性格测试，且贝尔宾团队角色测试常被大型跨国企业与公共机构用作决策咨询工具，该测试较其他工具更适合企业在招聘用人时测试分析学生潜在的人际关系互动能力；最后，最不被指导师们所熟悉和掌握的是 WVI 职业价值观测试工具，虽然在图 3-2 中大部分指导师表示对舒伯的生涯理论处于"较为熟悉"状态，但却对舒伯编制的 WVI 职业价值观测试工具掌握不佳，然而在现代企业用人过程中，相较于个人技能、兴趣这些容易在实操中发生改变的因素，学生对于工作的价值观更为稳定，也更适合用于剖析其适合的职业。

（四）就业创业指导专兼职情况

就业创业指导师是否处于全职岗位对其专业度和经验的积累有重要的影响。从图 3-4 的调研结论中可以看出，成渝地区 68%以上的高校指导教师都处于兼职状态，一般是高校辅导员或行政人员兼职做就业创业指导，但在一定程度上与自己的本职工作还是相辅相成的；仅 18%的指导师是全职指导咨询，并侧重于就业和职业生涯规划指导，而全职进行创新创业指导的师资仅占 4.55%；有接近 10%的指导师群体完全是基于个人兴趣和社会公益在对学生进行就业创业指导，这部分师资在指导时间和经验积累上无法得到长期保证。

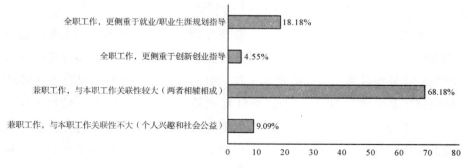

图 3-4　成渝就业创业指导师专兼职情况

二、就业创业指导师资从业经验现状

(一) 就业创业指导年限和频次

即便具备职业资质和理论应用技能，但如果指导师的从业年限较短或指导工作频次较低，则只能让其停留在理论教学阶段，因为其无法了解成渝高校学生就业创业的真实心态、困惑和需求，也无法因地制宜地应用相关理论对不同层次高校和不同专业的学生进行有效、科学的指导。

图 3-5 展示了被调研成渝就业创业指导师的从业年限分布情况，由于本次调研选择的对象大部分都是成渝地区双城经济圈职业指导模拟大赛的参赛选手，这些选手是从成渝地区各高校和企事业单位海选出来的在相关领域较为优秀的师资，也是被两地人力资源和社会保障部门长期聘用的指导专家，因此该数据仅代表资质较好的指导师人群的从业年限。其中，40.91%的指导师都有 10 年以上相关工作经验，36.36%具备 5~10 年工作经验，这意味着75%以上的就业创业指导师需要五年以上的工作经验，才能较为专业地进行大学生职业指导。

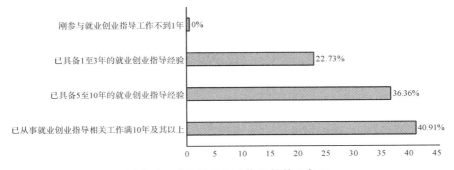

图 3-5　成渝就业创业指导师从业年限

另外，指导频次也是反映指导师经验的重要指标。上述被调研的指导师平均每年进行一对一个人指导为 50 人次，最高达到 100 人次以上，仅有极少数指导师每年一对一指导为 10 人次以下；在通过职业指导主题讲座、开设就业创业课程、集体辅导或研讨渠道进行团队指导方面，被调研的指导师每人平均每年举办 26 场次，但还是有 50%以上的指导师因为是兼职，因此每年举办的团体指导活动少于 10 场次；最低频次的指导渠道是线上指导，被调研的成渝地区指导师平均每年进行线上指导的次数不多于 20 次，有27%的师资几乎不进行线上指导，仅通过线下指导渠道进行指导。

（二）对成渝地区人才市场趋势的熟悉程度

为了了解成渝高校的就业创业指导更多的是通识性指导还是有地域针对性的指导，本调研根据指导师对成渝就业创业相关政策和指导性文件、岗位需求与就业率变化、产业转型升级中人才需求、对外开放建设中人才需求、协同创新发展中两地人才流动与聚集趋势、就业创业服务一体化与合作项目开展情况合作、高校毕业生就业创业质量发展趋势七个方面的熟悉程度，来衡量指导师资群体在指导过程中是否有意识引导成渝高校学生在择业和创业过程中主动思考为两地双循环经济格局建设服务。

图 3-6 显示了被调研指导师对成渝地区人才市场趋势的熟悉程度，其中 35%左右的指导师对图 3-6 中罗列的考察项表示"较为熟悉"，但能达到"非常熟悉"程度的指导师比例非常少，仅有 4%到 9%的指导师在成渝两地就业创业相关政策和指导性文件、成渝地区岗位需求及就业率的变化、成渝高校毕业生就业创业质量发展趋势三方面表示出"非常熟悉"的倾向；大概有 45%的指导师对成渝地区产业转型升级中和对外开放建设中的人才需求研究较浅或几乎不了解；40%以上的群体对成渝两地在就业创业领域的协同工作情况也了解甚少，说明现阶段很多指导工作还是处于两地分头负责状态。

考察项	不了解	略微了解	基本熟悉	较为熟悉	非常熟悉
成渝两地就业创业相关政策和指导性文件	(0%)	(27.27%)	(31.82%)	(31.82%)	(9.09%)
成渝地区岗位需求与就业率的变化	(0%)	(36.36%)	(22.73%)	(36.36%)	(4.55%)
成渝地区产业转型升级中的人才需求	(4.55%)	(40.91%)	(13.64%)	(40.91%)	(0%)
成渝地区对外开放建设中的人才需求	(9.09%)	(36.36%)	(9.09%)	(45.45%)	(0%)
成渝两地协同创新发展中的人才流动与集聚趋势	(13.64%)	(22.73%)	(22.73%)	(40.91%)	(0%)
成渝就业创业服务一体化与合作项目开展情况	(18.18%)	(22.73%)	(22.73%)	(36.36%)	(0%)
成渝高校毕业生就业创业质量发展趋势	(0%)	(22.73%)	(36.36%)	(36.36%)	(4.55%)

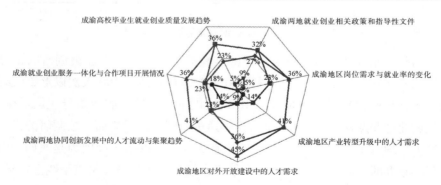

图 3-6　指导师对成渝地区人才市场趋势的熟悉程度

三、就业创业指导师资职业发展现状

(一) 培训研修的方式

培训研修是提升在岗指导师专业素养和业务水平最直接的渠道，高校中的在岗指导师的常见培训研修渠道有单位组织强制参加、单位组织自愿申请以及自学或自费参加培训等方式。如图 3-7 所示，被调研的指导师中，超过 68% 的指导师所属单位定期组织相关培训或鼓励参加竞赛的方式帮助其提升职业技能，但由于大部分指导师处于兼职岗位，因此这些培训和竞赛都不是强制性的，而是自主自愿参加；同时，有 50% 以上的指导师会持续自学相关理论或自费参加机构培训来提升自己的职业技能，这说明在成渝指导师群体中，大家对自己的就业创业指导专业能力水平的提升是有较强自我驱动力的；非自我意愿驱动下，有 40% 左右的指导师需要在单位强制安排下，才愿意参加培训研修或竞赛。

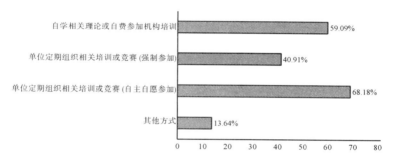

图 3-7　成渝就业创业指导师参与培训研修的方式

(二) 就业创业指导工作与自身发展的关联性

一般情况下，只有当就业创业指导工作与自身发展相关因素存在正向关联的契合关系，才能激励指导师对职业发展保持持续性高要求，因此分析就业创业指导工作与指导师自身发展的关联性，能从主观意愿层面剖析指导师对自己职业发展的坚持因素。

本调研挑选了职业晋升、收入增长、认知提升、兴趣满足、知识拓展、社会责任感提升六个因素，通过五分制衡量就业创业指导工作对指导师自我发展各维度的满足情况。其中，职业晋升和收入增长属于个人物质方面的成长需求，认知提升、兴趣满足、知识拓展属于个人精神方面的成

长需求，社会责任感提升属于个人价值方面的成长需求。如图 3-8 所示，得分最高的因素是社会责任感增强，超过 76% 的指导师都认同就业创业指导工作满足了自己在社会中的高价值性；同样，大部分指导师也认为就业创业指导工作主要满足了自身的个人精神层面的发展需要，尤其是对自身认知提升和知识拓展有较大帮助；得分最低的维度是收入增长，有一半以上的指导师认为该工作对自己的职业收入增长作用较小，有 22%~27% 的指导师认为就业创业指导工作对自己的职业晋升和收入增长毫无帮助，仅凭个人精神需求和价值需求在坚持该职业。

自身发展因素	0分	1分	2分	3分	4分	5分	平均分
职业晋升	(22.73%)	(13.64%)	(13.64%)	(0%)	(31.82%)	(18.18%)	3.35
收入增长	(27.27%)	(18.18%)	(18.18%)	(9.09%)	(13.64%)	(13.64%)	2.81
认知提升	(0%)	(0%)	(4.55%)	(18.18%)	(45.45%)	(31.82%)	4.05
兴趣满足	(4.55%)	(0%)	(9.09%)	(18.18%)	(40.91%)	(27.27%)	3.9
知识拓展	(0%)	(0%)	(4.55%)	(13.64%)	(54.55%)	(27.27%)	4.05
社会责任感增强	(0%)	(0%)	(0%)	(22.73%)	(40.91%)	(36.36%)	4.14

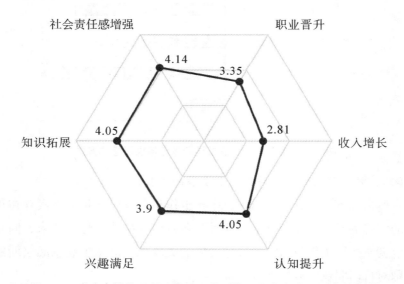

图 3-8　成渝高校就业创业指导工作对指导师自身发展因素的影响

（三）就业创业指导工作的激励偏好

为更好的了解和制定就业创业工作激励机制，调研组让各位指导师对薪酬、奖金、晋升、荣誉等激励因素对自己的工作激励程度进行排序，激励因素排序和综合得分如图 3-9 所示。从综合得分中可以看出，68% 以上的指导师把薪酬激励排在第 1 位，其次是奖金激励，虽然指导师能承受就业创业指导工作对自我物质层面发展需求的低满足感，但内心依然认为物质激励是对工作绩效和贡献度的最佳激励方式；排在第 3 位的激励因素为就业创业工作带来的荣誉称号，包括小到单位认可、大到社会认可的荣誉证书，这一激励因素明显高于岗位晋升的需求，同时也在一定程度上反映了参与成渝就业创业指导的师资群体对个人社会价值的认同感和提升需求较高。排在最末位的是对岗位晋升的激励需求，虽然岗位晋升其实相较于荣誉称号，通常与薪酬提升的关联性更紧密，但 45% 的指导师对该激励因素的关注度最小，结合对指导师专兼职情况的调研数据，推测原因大概率是由于大部分指导师都是兼职担任就业创业指导服务工作，其本职工作的晋升标准和业绩考核条件与就业创业服务关联度不高，或是该领域的全职工作岗位晋升带来的薪酬提升水平并不高，因此对岗位晋升激励不敏感。

激励因素	综合得分	第1位	第2位	第3位	第4位	第5位
薪酬激励 （纳入每月薪酬考核体系）	3.86	(68.42%)	(10.53%)	(21.05%)	(0%)	(0%)
奖金激励 （给予一次性奖金报酬）	3.27	(0%)	(57.14%)	(28.57%)	(14.29%)	(0%)
岗位晋升 （纳入职位晋升考量标准）	2.95	(25%)	(20%)	(10%)	(45%)	(0%)
荣誉称号 （颁发单位或社会认可的荣誉证书）	2.77	(15.79%)	(15.79%)	(42.11%)	(26.32%)	(0%)
您希望增加的其他激励机制	0.45	(25%)	(0%)	(25%)	(0%)	(50%)

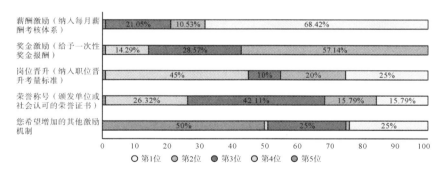

图 3-9　成渝就业创业指导师对其职业发展的激励因素排序情况

第四节　成渝高校就业创业服务平台建设现状

在以往传统线下高校就业创业指导体系的构建中，最容易出现的问题就是就业创业资源的独占和割裂，高校各自发展自身资源，无法做到校际间协同，更不用说跨地区资源协同。然而随着产业数字化进程加剧，就业创业资源的数字化和平台化建设趋势使各高校逐步将线下就业创业指导资源逐渐搬迁至线上进行网络平台化运作，这一趋势又可分为三个建设阶段：第一阶段是就业创业信息发布平台的建立，在这一阶段，大部分高校实施的是将高校线下对接的企业招聘或双创活动信息发布至高校自己的就业创业信息服务网，属于就业创业信息单向发布模式，缺乏学生需求搜集或互动服务；第二阶段是就业创业服务办理平台的建立，这一阶段的服务平台在发布信息的同时，也能搜集整理学生上传的就业创业信息和学生提交的就业创业需求申请，但仍然存在互动性不强、数据不通、需人工管理数据资源等问题；第三阶段是就业创业服务智慧平台的建立，这类平台集信息化和智慧化功能为一体，不仅能双向发布和搜集就业创业信息，同时能将深度学习、边缘计算等前沿技术融入平台，做到对平台各功能访问量、学生就业创业行为、就业创业能力职能测试等数据进行智能分析和结果生成，能更高效地帮助学校就业创业相关部门分析就业创业趋势并作出决策。

在成渝高校的就业创业服务平台建设中，大部分本科类高校自有的就业创业服务平台已发展至上述第二阶段，但很多专科类高校的就业创业服务平台仍停留在第一阶段。对于服务平台建设进入到第二阶段的高校，其学生就业创业信息能更好地接入地区甚至国家就业创业服务平台，从而有利于在未来的就业创业指导数字化进程中更好地做到资源互通、共享和协同，但对于平台建设还停留在第一阶段的高校，就会仍然处于就业创业数据孤岛状态，无法做到成渝地区双城经济圈就业创业指导协同，不利于推进双循环背景下的成渝两地就业创业指导资源的相互流通。

立足于双循环背景来看待整个成渝地区双城经济圈内高校的就业创业

服务平台建设和信息互通关系，可将两地高校就业创业服务平台分为三个建设层次，一是成渝高校自建的就业创业服务平台，专门服务于本校学生的就业创业指导需求，一般是将就业平台和双创平台分别进行管理和建设；二是在国家"24365"大学生就业服务平台体系下的省市区各自建设自己的"24365"大学生就业服务平台，成都及其周边地区的双城经济圈高校相关信息接入的是四川"24365"大学生就业服务平台，由四川省高校学生信息咨询与就业指导中心负责管理运营，重庆地区的双城经济圈高校则接入重庆"24365"大学就业服务平台，由重庆市大学中专毕业生就业指导服务中心负责管理运营；三是川渝两地人社局主办的面向社会公众的就业创业服务平台，由于该平台提供的就业创业指导资源很多来自地区高校指导师，同时平台功能模块很多也是面向本地高校毕业生就业创业需求，所以可以说成渝高校与人力资源和社会保障部门的平台也存在深度互动关系，因此本节将人力资源和社会保障部门的平台也归入成渝高校就业创业服务平台体系中。

一、成渝高校自建的就业创业服务平台

成渝高校自建的就业服务平台一般是由高校招生就业处或专设的指导中心负责建设和管理运营，自建的创业服务平台则是由双创中心或分管创新创业教育的二级学院负责建设和管理运营，现阶段几乎所有的成渝高校的就业和创业服务平台因为服务性质的差异均分属两个独立的部分进行建设。

（一）高校自建就业服务网络平台

自建的就业服务平台建设相对完整并逐步进入智慧化平台运营阶段的高校，在平台功能板块的设置上一般会分为招聘求职服务板块、就业手续办理服务板块、就业指导咨询服务板块、重点及特色领域分类服务板块、社会公共就业服务接入板块。对成渝地区各高校自建就业服务平台进行对比，发现西南交通大学在上述各板块构成和内容建设上比较完善，其他很多高校还存在很多服务板块内容空缺待建的情况，因此表3-11以西南交通大学的智慧就业网服务平台为例，分析了高校就业服务平台的构建体系及具体服务内容。

表 3-11　西南交通大学就业服务平台的主要功能构成

平台功能板块	主要服务项目	服务内容
招聘求职服务	职位信息发布	向校内学生实时发布公司校园招聘信息,包括单位简介、单位网址、招聘人数、岗位职位描述、薪酬信息,并提供在线简历投递系统
	招聘宣讲会信息发布	向校内学生实时发布招聘企业进校举办招聘宣讲会的具体时间、地点信息
	双选会信息发布	发布包含校内外线下举办的大中型招聘会信息和在线举办的空中双选会信息和登录渠道
就业手续办理服务	生源核对	提供本校应届毕业生生源信息核对系统,同时包含网页凭条核对渠道和微信平台核对渠道,核对内容包含生源所在地、政治面貌、困难生类别、手机号、邮件地址、家庭地址等,用于毕业生资格审查,生源数据是各高校发放就业协议和上报就业派遣方案的重要依据
	毕业去向登记	接入全国高校毕业生毕业去向登记系统,指导毕业生离校前及时登记去向信息,以方便毕业生办理户籍和档案转递,并做好去向登记信息上报汇总工作
	就业推荐表登记	采用线上形式收集就业推荐表,使学校向对接用人单位推荐优秀毕业生的正式书面材料数字化
	毕业生就业奖励/补贴申请	为符合学校就业奖励和地方政策就业补贴要求的学生在线提交奖励和补贴申请提供便捷服务
	就业信息校核	对毕业生提供的就业信息进行核实和确认
	用人协议签约数据收集	提供在线表单提交系统,供毕业生提交已签约单位信息,包括但不限于签约单位就业形式、单位名称、组织机构代码、单位地址、所在行业、单位性质、工作岗位、单位电话及相关证明材料

表3-11（续）

平台功能板块	主要服务项目	服务内容
就业指导咨询服务	就业新闻政策发布	集中发布与当季就业相关的新闻咨询和政策法规，主要围绕学校就业创业指导新规、成渝地区的就业创业服务新政、就业流程规范等相关主题进行信息搜集、整理与发布
	就业指导在线课程	提供就业创业指导在线精品课程观看学习链接
	就业咨询服务	提供就业导师和咨询学生双登录的咨询平台，并在对应咨询服务模块自建咨询项目，包括校内生涯导师咨询模块、校友生涯导师咨询模块、HR生涯导师咨询模块、院级咨询室模块、校级咨询室模块，每个模块都开通了在线问答、线下咨询预约、电话咨询渠道
	职业生涯智能测评服务	将数字化的职业生涯测评工具集成在平台上，供学生登录并选择需要的测评项目进行智能检测和分析结果生成
重点及特色领域分类服务	国家地方基层项目就业服务	集中发布和国家地方基层项目相关的选调生选拔工作公告、宣讲公告、报名渠道、选拔流程等信息
	地方引才服务	筛选出本校生源主要流向的周边地区及省外地区，分类整理相关地区的地区介绍、人才政策和招聘信息
	国际组织就业服务	集中发布本校对接的国外就业实习等资源
	分行业/学科/专业领域就业服务	按学校重点学科领域和主要就业流向行业领域进行就业信息分类整理，以便于学生获取本专业就业服务，比如西南交通大学在特色领域分类上将轨道交通运营装备制造、土木建筑、新兴产业的就业招聘信息单列整理发布

（二）高校自建双创服务网络平台

相较于就业服务平台的建设，成渝各高校在创业服务平台的搭建上还处于较为简单的双创信息发布网络平台建设阶段，还未进入智能化平台建设阶段。一般高校创新创业的平台内容构建由双创中心或分管创新创业教育工作的二级学院自行建设，用以发布双创教育教学开班和课程信息、双创项目孵化培育计划信息、双创实践活动开展信息、以及双创赛事活动报名信息等。平台智慧化程度较高的高校，能提供对接省级和全国诸如"互联网+"和"挑战杯"这类影响较大的双创赛事项目的报名提交和筛选系统。然而，很少有高校双创平台会为较为普通、涉及层次较低和资金较少的学生日常创业实践提供一对一在线咨询或线下咨询的渠道，而较普适性较强的就业指导而言，创业指导需要与具体项目对接，指导内容会因项目内容和创业环境而异，所以对于异质性相对较高的创业指导服务，其服务平台很难建立一些有统一标准的功能板块，导致多数高校的双创指导服务都是按学生个体需求一对一进行，且由于创业项目的内容很多都涉及专利申请与保护，所以也无法通过公开展示的方式供其他学习者学习。

二、成渝两地"24365"大学生就业服务平台

"24365"大学生就业服务平台体系是由中国教育部及其所辖地方教育部门主管，由国家及地方高校学生信息咨询与就业指导中心运营，服务于高校毕业生及用人单位的公共就业服务平台。通过打造 24 小时 365 天全时化、智能化平台，为毕业生和用人单位提供数字化时代的高质量"互联网+就业"服务，推动"有效市场"和"有为政府"更好地结合，进一步完善高校毕业生市场化、社会化的就业机制，促进毕业生在双循环背景下面临就业结构变动的环境也能持续实现高质量充分就业。

（一）四川"24365"大学生就业服务平台

四川"24365"大学生就业服务平台是由四川省高校学生信息咨询与就业指导中心主办，在四川省教育信息化与大数据中心的技术支持下搭建的面向四川省所有本专科高校学生的就业服务平台。平台功能板块包括新闻资讯、政策公告、咨询指导、就业服务、电子注册、和学历认证六大方面（如表3-12所示），所有板块都只具备单向信息发布功能，缺乏诸如在线咨询系统、数据收集查询系统、职业测评系统等用户互动功能，即便是电子注册和学历认证板块，也只是简单的流程介绍和链接导航，没有集成相关查询系统，因此该平台的智能化程度较低。

表 3-12　四川 24365 大学生就业服务平台功能板块及内容构成

平台功能板块	服务内容及特点
新闻资讯	集中发布全国、西南地区及四川省及其所辖地区的就业创业新闻动态
政策公告	分国家政策、地方政策、信息公告三个类别发布我国相关就业创业政策信息
咨询指导	分省级金科、大赛网课、优秀典型、应征入伍、生涯咨询五个模块构建咨询指导服务，主要是分类发布就业指导类在线课程学习视频和以视频或图文形式总结的普适性生涯咨询主题文章
就业服务	分招聘信息、双选活动、去向登记、校企对接、赛事活动、跟踪调查、档案查询、信息报送、业务咨询九大模块构建就业服务，但缺少具体的地方企业招聘信息，主要发布的是国家地方基层项目、事业单位、教育部门的招聘信息；报送、查询、咨询等需要互动系统支持的模块尚未建立完善
电子注册	主要是对高等教育学籍学历注册业务的简介、规章制度说明、办事流程说明等
学历认证	主要是对高等教育学历认证业务的简介，以及对认证范围、办理流程、认证时限、进度查询、复议申请等事项的说明

（二）重庆"24365"大学生就业服务平台

相较于四川地区的"24365"平台，重庆地区的同类平台就业创业服务内容要丰富很多，其智能化程度也相对较高。重庆"24365"大学生就业服务平台是由重庆市大学中专毕业生就业指导服务中心主办，其服务范围包含大中专毕业生就业信息的采集和发布，组织实施专业化的毕业生就业市场建设，托管毕业生档案，大学生创新创业教育，毕业生就业创业相关培训和咨询服务。现阶段该平台已集成了学生注册、学生登录、学校登录、企业登录系统，并接入了重庆智慧教育平台，与地方智慧教育平台进行信息共享。该平台设置有就业资讯、求职招聘、创新创业、网上办事、专题专项、高校分站六大功能板块（见表 3-13），除就业资讯板块为单向信息发布服务以外，其他板块均有智能检索查询系统支撑，并且为了支持现代办公和生活的移动网络化趋势，平台的网上办事功能已全线搬迁至"重庆市高校毕业生就业创业"微信公众号办事大厅，使高校师生及企业通过微信就能对学生档案和学历相关信息进行查询。

表 3-13　重庆 24365 大学生就业服务平台功能板块及内容构成一览

平台功能板块	服务内容及特点
就业资讯	分政策法规、就业指导、高校动态、工作动态、访企拓岗五个模块发布服务资讯
求职招聘	按求职招聘、招聘岗位、招聘公告、招聘会、宣讲会、毕业生资源六大模块对服务内容进行了细分导航，其中求职招聘和招聘岗位模块提供了按职位、按行业、按单位、按地域分类检索查询功能，并对最新职位、宣讲会场次、招聘会场次等数据进行了实时智能统计，毕业生资源模块能分别按专业、高校、毕业年份、学位公开搜索查询重庆市所有高校的生源信息
创新创业	该板块直接接入了"成渝地区大学生创新创业服务网"，主要发布重庆地区高校的创业动态、创业政策、项目展示、竞赛平台简介以及重庆各高校已建成的双创基地信息简介
网上办事	主要以移动办事平台作为主要服务渠道，支持毕业生档案查询和档案业务办理、人事代理档案查询、托管档案查询、档案存放点查询以及接入学信网的中国高等教育学历认证报告申请及查询模块
专题专项	专题专项板块主要与全国征兵网、大学生志愿服务西部计划、全国高校网络联盟、国家 24365 大学生就业服务平台、重庆市大学生创业服务网、重庆市公费示范毕业生专题信息网、就业风险提示平台七大外部就业创业相关平台进行对接
高校分站	通过分类导航的方式集中了重庆地区所有本专科院校自建的就业服务平台，为高校和地区的就业信息互通搭建了较为完善的网络导航平台

三、成渝两地人力资源和社会保障部门公共就业创业服务平台

进入双循环新发展格局时期以来，为了促使成渝地区双城经济圈内"人才链—创新链—产业链"的深度融合，两地人力资源和社会保障部门在其间逐步发力、相互协同，每年都加大力度持续开展多项同时针对高校和社会大众的就业创业指导实践活动，同时为了使以往和未来计划开展的就业创业指导活动信息能在区域范围内有效传递，促成更好的协同效果，两地人力资源和社会保障部门都搭建了服务当地的公共就业创业网络平台。四川省人力资源和社会保障厅建设有"四川公共就业创业服务网上办事大厅"作为四川地区的就业创业服务平台，重庆市人力资源和社会保障局则建设有"重庆市公共就业服务网"作为重庆地区的就业创业服务

平台。

两大平台的功能设置差异化较大，四川公共就业创业服务网上办事大厅的主要功能是网上业务办理，并不提供就业创业指导资源，而是接入四川人社在线公共服务平台，有个人服务和法人服务两类业务在线办理导航，包括招聘及招聘会服务、求职服务、创业活动查询、创业补贴申请、失业保险申请、个人创业担保贷款申请、高校毕业生社保补贴申领、就业援助基地社保/岗位补贴申请、稳岗返还申请、企业吸纳就业税收政策人员认定申请等业务，虽然这些业务对待就业创业人群的现实需求针对性较强，但办理服务的系统为单向业务申报模式，其即时性和互动性不强。

相比之下，重庆公共就业服务网的就业创业指导资源就要丰富很多，该平台设置了政策申报、求职招聘、职业培训、创业服务、职业指导五大板块，并且每个板块都配置有细分类别导航和分类检索查询功能，不仅能覆盖就业指导资源，也提供了完善的创业指导资源，包括成渝各高校自建平台所缺乏的创业导师资源。重庆公共就业服务网还按排班情况、导师资质、专业技术、所在地域分类提供了 1 300 多位创业导师 1 对 1 在线咨询服务渠道，对高校缺乏的创业导师库提供了较好的补足。截至 2023 年 10 月，重庆公共就业服务平台已办理 220 938 件申报业务，发布 6 357 个职位，安排了 17 594 位培训教师线上培训，发布 1 774 个优选创业项目，提供了 231 个重庆片区的创业孵化基地场所租用信息。该平台的整体功能结构和智慧化程度在成渝地区双城经济圈内各类就业创业服务平台搭建中，已处于较为领先的地位。

第五节　成渝高校就业创业指导评价体系现状

高校就业创业指导评价体系是对所有就业创业指导体系各环节实施成效的检测体系，科学的评价体系不仅能为高校进行就业创业指导工作提供有效的管理和指导框架，同时也能为就业创业指导工作的参与者提供检查、反思、改进指导质量和创新指导方法的渠道。就业创业指导属于就业创业教育体系当中的实践环节，我国学者因主导教育理念不同、教育教学发展时代不同，在高校就业创业教育教学工作的评价模式、方法和策略的研究成果上尚未形成一个统一的标准。其中，具有代表性的就业创业评价研究都是针对全国高校就业创业教育质量进行的评价指标体系设计。杨晓慧（2015）选择了课程、教师、学生、环境四个一级指标构建了一套分类详细、可量化的大学生就业创业教育评价三级指标体系，其中课程指标包含了对课程体系、教材、教学、课程管理四大环节的评价，教师指标包含了教师数量、专兼职、学历及经验背景、岗位、培训效果、科研成果及其获奖情况等方面的评价，学生指标主要包含了对其短长期就业创业率和就业创业满意度的评价，环境指标则同时考量了机构、场地、经费、基地、大赛、讲座、服务等硬软件环节。周德禄（2020）和黄兆信（2020）分别对大学生就业质量和高校创新创业教育质量构建了评价指标体系，其中针对大学生就业质量的评价指标主要涉及就业的及时性、充分性、稳定性、体面性、利他性五个维度的评价，而针对创新创业教育质量的评价指标体系则按基础、过程、结果、特色四大评价维度来构建，涉及的一级指标包括创新创业教育过程中的投入保障、组织规划、机制保障、师资建设、创业课程、创业实践、专创融合、工作成效、社会影响、实践成效、教研成效、特色项目。

　　然而当真正落实到每年由高校主导的对应届毕业生就业创业效果进行的定期评价时，上述这些指标体系由于缺乏专家学者的亲临指导和监督，仅仅是由学校招就部门、双创中心、第三方调研机构来进行数据搜集和统计，操作难度较大且数据的精准性和统计的专业性无法得到保障，因此这些评价体系的设计大都停留在理论研究和抽样统计检验阶段，很难在所有高校对其每年的就业创业指导工作评价中得以全面应用。在实际的就业创业指导工作质量和成效评价工作中，最常用的评价方法是根据各高校每年发布的应届毕业生就业质量年度报告进行评价的方法，虽然其未形成统一体系，但大部分指标能从一定程度上反映高校当年的就业创业指导工作实施现状。表3-14对成渝地区本专科院校年度就业质量报告中与就业创业指导工作评价相关的指标进行了提取和整理归类，可以看出现阶段成渝高校在对就业创业指导成效评价指标的选取维度上较为简单，主要按毕业生和用人单位两大评价主体来进行分类。

表 3-14　成渝高校采纳的就业创业指导质量年度评价指标构成一览

评价主体	评级类别	评价指标
毕业生	过程满意度	职业咨询与辅导满意度
		就业创业课程及讲座满意度
		就业创业实践活动满意度
		就业创业信息发布满意度
		就业手续办理满意度
		招聘会/宣讲会组织满意度
		就业帮扶与推荐满意度
		二级学院就业创业服务满意度
	结果满意度	求职指导有效性
		专业-岗位对口度
		职业期待吻合度
		工作胜任度
		工作稳定度
用人单位	过程满意度	学校招聘活动组织情况满意度
		学校专业人才培养工作满意度
	结果满意度	毕业生工作表现满意度
		毕业生综合素质满意度

第四章 成渝高校就业创业指导
体系的主要问题与构建对策

第一节 成渝高校就业创业指导体系的主要问题

一、就业创业指导课程的建设问题

（一）通识类就业创业课程重理论轻实践

成渝高校的通识课程体系发展至今，大部分院校都已经将一些诸如大学生职业生涯规划与就业指导、大学生创业基础等包含就业创业基础理论的课程融入通识必修课体系中，甚至部分高校做到了大一到大三学期全程融入，以实现针对各阶段学生不同需求进行就业创业指导。因此，成渝高校在就业创业指导课程开设的普及性上已基本做到面向全校各专业学生铺开，使学生在大一入学的认知教育环节中，就能对就业创业相关知识有一定的认知。

然而，从成渝各高校的就业创业课程学时结构中可以发现，几乎所有涉及就业创业指导的通识类课程都是以理论课讲授模式进行，实验学时和实践学时都为零，并且部分学校在该类课程的总学时设置上也偏少，仅仅设置了8学时的理论教学，相较于一些将就业创业通识课程教学环节设置为每学期34学时、6学期连续开设的模式，8学时的理论教学几乎无法覆盖现代就业创业理论的知识体系，因此其不仅缺乏实践，还存在理论构建环节难以进行完整的教学输出的问题，只能给入学新生建立一些浅显的就业创业意识，但对于我国进入双循环高质量发展阶段的人才培养质量建设来说，高校学生仅仅是对就业创业具备一点浅显的意识是远远不够的，这很难让其在大学教育阶段形成自主将专业知识与社会行业发展认知、个人职业发展认知的思维。

对于我国高校教育来说，之所以大部分高校在入学阶段就开设就业创业通识课，其目的不仅仅是为了帮助毕业生更好地融入社会，还为了让我国学生转变从小学到高中以来习以为常的以应试为主的学习习惯，让其懂得高校学习最终是为了个人未来职业发展及创造社会价值。同时，就业创业指导能让其逐渐摆脱被动灌输式的知识获取和复制式应用模式，树立创新精神、创造性思维、创业意识，提升创业能力和创业素养，让其能在自主创业或个人职业发展中将这些能力得以灵活运用。由于通识教育涉及的学生专业、兴趣、能力都不尽相同，被授课群体存在较大的个体差异，不同层次高校学生的自主性思考能力差异较大，学生需要的是从就业创业知识体系中获取契合自己的指导方案，或是从中了解未来职业发展的可能性与风险，而不是空洞的理论指导。此外，就业创业课程作为与个人发展、社会及地区发展联系最为紧密的通识类课程，理应将加强学生与社会的联系放在第一要位，以社会实践促进理论知识吸收，以实操培养学生对自身个性化发展需求的意识。

（二）各学科专题就业创业课程建设缺乏

现阶段成渝各高校就业创业课程的开设模式要么融入通识课程体系，要么是在工商管理类专业涉及创业方向的专业课程体系中开设，但在其他非商科专业的专业课程体系中，针对各专业未来就业需求、职业发展、创业领域的课程开设几乎为零。在学科专题就业创业课程建设上做得相对较好的成渝高校，现阶段也只是在线上就业创业通识课程中增设了各行业领域就业形势的案例分析模块，但这种与专业专题结合的就业创业指导模式，只有自主学习能力较强的学生才能从这些网课资源中挖掘到自己需要的技能。由于各学科专业开设的与专业领域就业创业指导的相关课程较少，即便在大一接受过就业创业通识课学习的学生，在大三时对自己的择业方向、未来发展依然迷茫。因为大学专业理论教学虽然能打下扎实的专业知识体系基础，但与相关专业真实的社会实践还是有很大差异，理论能有效指导实践的前提是学生对现实社会中的实践工作有基本认知和体验感知，才能懂得如何选择对应的专业理论进行应用。而各学科专题就业创业课程的设置能很好地为学生搭建专业知识、行业从业认知、细分领域就业创业实操之间的桥梁，没有这一桥梁，是不利于学生更好地理解本专业的社会服务价值及树立本专业职业理想的，从更宏观的角度来看，专业教育与就业创业教育的割裂，不利于成渝高校促成高校人才链与区域产业链的深度融合。

（三）线上就业创业课程资源同质化严重

在教育教学数字化转型进程下，在线课程及线上线下混合课程的推广已成了高校课程建设的重要任务和教学改革的趋势。成渝高校在就业创业课程资源线上化建设上处于逐渐普及状态，其中，本科类院校较专科类院校在线上就业创业课程建设上普及度更高，公办院校较民办院校的线上资源质量更高。但在对成渝地区建设有线上就业创业课程的高校的授课平台的调研中发现，就业创业类课程的同质化现象严重，比如创新创业基础、大学生创业基础这类课程内容及结构几乎相似的课程，在同一所学校的线上平台就开设了 5 门以上，其中大部分课程甚至几乎没有学习数据，处于在线资源闲置状态。

线上课程资源同质化问题，其本质是一种教育教学资源的内卷和浪费。国家之所以推广线上课程，是为了让更多精品在线课程得以跨地域、跨校际、跨时段让更多学生在本校教学质量受限的情况下，也能获取高质量教学资源，全面提升我国高校学生受教育质量。但在实施过程中，为了完成教学业绩考核，或是为了迎合教育部相关文件要求，各高校仅机械地完成线上课程建设任务。此外，就业创业的大部分知识属于通识类知识，简单易教，不需要有很深专业学历背景的教师都能胜任该领域的教学任务，导致相关在线课程资源的重复建设，增加了学生在线课程资源的选择成本，甚至阻碍了学生对精品就业创业课程资源的聚焦和获取。

二、就业创业指导活动的成效问题

（一）就业指导咨询缺乏职业目标引导

就业指导咨询活动是就业指导实践活动体系中的重要环节之一，也是对通识性就业课程缺乏的个性化指导的补充。成渝高校的就业指导咨询活动开展已进入多样化开展阶段，其中各高校开展最多的咨询活动类型就是主题讲座式培训及指导、一对一职业指导及心理咨询这两种，开设模式一般分校内讲座、校内咨询室指导以及招聘会现场指导。一般性就业指导咨询的重点内容包括职业规划、就业市场分析、总结与传授求职技能、提供求职渠道与资源等，而现阶段成渝高校在该类实践活动中的大部分内容是偏向求职技能指导和求职渠道与资源提供，对学生的职业规划和成渝地区就业市场分析的涉及很少。

在就业指导咨询过程中，寻求咨询的学生大部分对自己的职业定位不清，对自身未来发展处于迷茫状态，甚至对自己的个人发展目标都无法确定，并且学生就业从众行为严重，易受周围同学择业方向和家长期待的影响，导致学生的就业诉求矛盾点颇多。如果就业指导师仅仅根据学生的表面诉求予以指导，或是仅进行需求迎合型指导，即跟着学生的提问思路进行指导，则很容易陷入无效指导状态，因为大部分需要就业指导咨询的学生思路本身就是混乱的，跟着混乱的诉求予以指导，只能给出矛盾的建议。而真正想要就业指导咨询中对学生的长期职业发展和个人成长起到重要作用，则不应授之以鱼，而要授之以渔，即咨询师必须较好把握当地经济产业发展格局和就业市场人才需求趋势，以启发准备在当地就业的学生懂得结合自己擅长的领域去探索与地方经济发展相契合的职业道路，并结合不同学生个性和经验背景，对学生灌输建立长期职业理想和设定短长期职业目标的理念。这样才能使就业指导咨询活动不停留在短期招聘入职面试技巧传授层面，而是能深层次地引导成渝高校学生建立个人发展与地方发展相契合的职业规划目标和行之有效的执行策略。

（二）访企拓岗活动资源未被充分挖掘

由于双循环新发展格局对国内供给侧结构性改革和高质量发展的重视，成渝高校在就业指导活动中开始逐渐重视主动挖掘企业供给侧资源，由学校书记和校长亲自带头走访用人单位、巩固拓展就业渠道。现阶段访企拓岗活动已成为成渝各高校就业指导活动体系中的必备组成，该活动开展较好的高校采取了"学校统筹+学院主体+部门联动"结合的方式，试图将学校拓展的企业岗位有效分配到对接专业。在实际的高校访企拓岗活动中，真正走访企业的参与者大多是学校高层领导与二级学院中层领导，偶尔会有基层教研室负责人参与，但很少有专业课程的一线专职教师参与其中。然而真正能与学生进行专业领域就业深入沟通的却是专业课教师，但高校的大部分专业课教师缺乏企业经验，因此访企拓岗活动成果在传递到学生层面时容易出现断裂，只有空缺岗位和短期就业岗位资源能较好地传递给学生群体，但访企拓岗过程中对企业及其行业最新发展状况的了解，以及对业务结构、产品创新等内容的挖掘都是缺失的，因为这些内容需要专攻该领域教学的专职教师在课堂教学中予以实践教学应用，而专职教师却鲜少参与访企拓岗环节，导致访企拓岗的成效只能停留在拓展短期就业渠道层面，学校与企业的长期关系维护也很难持续。

（三）创业实践基地活动场所利用率低

高校建设的创业实践基地硬件环境是开展创业指导活动的重要场所，按照现阶段已建有创业实践配套设施的高校现状，创业实践活动场所一般包括校内众创空间、学校联合产业园区搭建的双创基地、校内创业项目孵化办公室、双创指导咨询室等，这些场所的设置目的是在学生容易接触的地点模拟企业运作环境，以满足大学生在创业指导课程中的实践需求以及让部分创设实体企业项目的学生有低成本、便管理的项目运作环境。

然而在实际调研中发现，很多成渝高校大多因创业类项目申报和建设的需要建设了创业实践基地硬件环境，而学校未形成创新创业文化氛围，使这些硬件场所及设施只在项目申报和检验时投入运行，其他大部分时间都处于闲置或低利用状态，既没有学生创业团体长期入驻使用，也没有效满足学校周边创业初期企业的低成本租用需求，而诸如众创空间这类面向所有潜在创业者的社交空间和资源共享空间，也存在资源失效、缺乏管理、场所闲置、创业社交氛围缺失等问题。造成这些问题的其中一个原因可能在于成渝地区的传统产业结构不是以高科技产业为主导，虽然近年来成渝地区在加速建设高新区、发展高新技术产业，但由于其产业底蕴的缺失，很多高校周围需要创新创业资源的企业较少，使其难以像沿海经济发达地区或国外高科技产业聚集区那样建立较为浓厚的创业文化氛围，高校大部分师生对这些设施的需求度不高，只有少数参与双创赛事的师生会偶尔使用，无法激发聚集效应。

（四）创业指导重赛事项目轻社会经验

我国创业教育的盛行是被创业竞赛带动的，特别是"互联网+"大学生创新创业大赛和"挑战杯"这两大国内最重要的双创赛事。大部分高校在指导教师业绩考核和职称评审体系中，将双创赛事获奖纳入为重要考核加分项目，学生的保研、名校留学等的考核也与双创赛事获奖情况挂钩，很多成渝高校在创业指导活动上受激励机制的影响更重视赛事项目的指导，轻视未符合赛事竞争标准的学生日常创业行为指导，导致学生群体中也存在非参赛不创业的观念。这种导向其实是将高校创业氛围逐步变得功利化，但创业竞赛是有一套竞赛类评判标准和竞争策略的，其与社会中实际进行创业和市场竞争的标准不尽相同，如果是过于重视以赛促创为导向的创业指导，容易使国家倡导的"大众创业、万众创新"理念陷入竞赛圈内卷困境。

创业指导本身应该重视的是向我国高校学生普及创新思维、创业精神和基本创业技能，这些素质并不一定是要求每一位学生拥有了就必须应用在创业领域，其同样也能应用在个人人生发展、职业发展、为企业和市场服务创新等领域。创业指导活动中所涉及的创新目标应具备两个层次，即短长期功利目标以及服务社会和人类发展的非功利目标，而现阶段成渝高校在创业指导上过于注重前者，对后者的指导较为缺乏，导致高校师生在创业指导活动中容易形成急功近利、功利主义的价值观，这种环境下很难诞生出真正具有社会价值的颠覆性创新和革命性创新，甚至可能会对本具有日常普通创业需求的学生的创业热情予以打击。

三、就业创业指导师资的发展瓶颈

（一）对职业理论的个体化应用能力尚待加强

为成渝高校服务的就业创业指导师资分为两种，一种是与学生接触最为紧密的辅导员，其负责对辅导班级学生的就业创业指导任务，但这类师资并不具备专业职业指导资质，在职业理论体系的掌握上相对缺乏，因此其指导水平大都停留在学生对未来就业焦虑的普通心理疏导层面；另一种是从各高校和企事业单位人力资源部门筛选出来的具备就业创业指导资格认证的导师，他们不仅在高校中从事学生指导工作，同时也时常被地方人力资源和社会保障部门抽调来在大型就业创业指导活动中为成渝地区高校的学生进行指导。

在调研中发现，无论上述哪一类指导师资，哪怕是对职业理论体系掌握较好的高级导师，在对职业测评工具的个体化应用和分析解读上，均容易陷入贴标签式指导模式，或是直接基于智能测评结论展开指导，缺乏对学生个体化特质的快速识别和挖掘能力。因此，在提倡差异化教学的环境下，职业理论的个体化应用能力是现阶段成渝高校专职职业指导师亟须提升的技能，否则很难真正帮助就业者了解自己的择业创业偏好，或是使指导浮于表面，无法定位高校学生的真实职业需求。

（二）对成渝产业升级中人才需求导向不敏感

就业创业指导师资的学历背景大多属于工商管理类或教育类专业，少有具备较深经济类专业研究背景的师资进入就业指导行业，在针对成渝高校指导师群体的调研中，45%以上的指导师都表示对成渝两地内循环产业人才需求、外循环人才需求处于了解甚少状态，这一现状使指导师在对成渝地区大学生进行指导时，很容易重招聘技能、职业技能培训和指导，轻行业岗位和专业领域发展的指导。这会使就业创业指导活动丧失对地区产业所需人才的导向性功能，不利于加速促成双循环下成渝地区产业转型升级中的人才链与产业链的重新适配。然而，随着全球新一轮科技革命和产业变革深入发展对各区域的影响，产才深度融合是促成双循环背景下经济社会高质量发展的关键。因此，对于直接参与产业人才就业导向工作的就业创业指导师，在维持传统的招聘技能和职业技能指导培训工作以外，应思考如何在咨询过程中向准备在成渝地区就业的学生普及成渝两地产业用人趋势，以及如何以当地产业发展需求为导向对高校学生进行就业创业指导。

（三）指导师的专职岗位与激励机制严重错位

在调研中发现，成渝就业创业指导师的职业发展环境及配套激励措施尚未跟上成渝地区对指导师岗位的需求。首先，在岗位设置上，大部分指导师都是属于兼职从业，其本身的专职岗位有一套与职业指导工作无关的晋升体系和激励机制，这是第一层错位；其次，指导师工作任务虽然能满足个体发展的精神层面和社会价值层面需求，但极少满足指导师的物质层面需求，指导师的工作内容与职业晋升和收入增长关联性不大，这是第二层错位。上述两层错位导致了成渝高校就业创业指导师的岗位流动性较大，因为薪酬激励、奖金激励政策的缺乏，很少有教师愿意长期、频繁地从事就业创业指导咨询工作，这也是造成很多高校就业创业咨询室和活动基地空置或利用率低的原因之一。

四、就业创业服务平台的运营问题

（一）高校自建的平台容易出现数据孤岛问题

数据孤岛问题是指数据间缺乏关联系性、数据库彼此无法兼容导致各平台或组织机构各自存储、自定义自己的数据，平台间数据无法或极难共享流通、连接互动，容易形成实质重复的数据，无形中加大了跨平台数据合作成本。在对成渝高校自建就业创业服务平台的调研中发现，很多高校的就业创业服务平台仍处于单向信息发布的构建阶段，由于校际间平台数据未进行共享，自建内容容易出现重复或因缺乏管理而处于页面空缺状态。整体看来，成渝高校各自的就业创业网络平台只能为本校学生提供招聘资讯和咨询，平台搜集的本校毕业生数据也只能通过人工上传报送至教育管理部门，大数据互通和智能化程度较低，部分高校由于缺乏运营资金，还会造成其平台信息更新滞后，空有就业创业服务平台的形式，却无法做到高效的平台内容建设和校际、城际间数据协同。

（二）成渝两地平台功能和信息协同性不高

要提升成渝地区双城经济圈高校就业创业指导工作协同作用，两地就业创业服务平台的数据和功能互通至关重要。然而对于成渝两地最可能进行战略协同合作的四大就业创业服务平台，各自的功能板块设置、数据库结构等都有较大差距。其中，重庆地区的"24365"大学生就业服务平台与重庆人力资源和社会保障部门的公共就业创业服务平台在功能板块和信息协同上较四川地区的两大同类平台发展更好，而四川地区建设的面向地区高校的"24365"大学生就业服务平台和面向全省的公共就业创业服务网上办事大厅，都还处于单边数据传输阶段，四川省内部平台间的协同性也相对较低，造成成都及其周边地区高校更依赖自建就业创业服务平台，使得成渝地区高校平台建设优者更优、弱者更弱，不利于推进双城经济圈高校资源共享共建进程。

（三）平台服务的智能化与精准化水平不足

要促成双循环背景下成渝区域产业链与人才链的动态适配与融合，不仅要从人本教育方面提升就业创业教育和学科专业教育的融合质量，同时还需要有效建设和利用现代科技中的数智化技术进行辅助。现阶段企业招聘和用人越来越"精准化"，精准招聘不仅能带来企业真正所需的人才，还能有效降低企业培养成本，是企业能在经济萧条期存活并完成新一轮产业变革带来的业务转型的关键。这一发展趋势给高校就业创业服务平台的建设赋予了对高校人才数据智能化筛选和精准化投送的功能需求，然而由于高校对资金投入计划的不重视、平台运营人员开发技能不足、国内智能化技术应用不稳定等原因，大部成渝高校就业创业平台还未能实现较高的智能化和精准化服务功能，企业的精准招聘及高校人才储备库需求在实践层面一直未被满足，在向企业推荐人才的时候，即便各大高校已建成就业创业数字化服务平台，但在面对优秀企业来校招聘时，仍实行的是人为推荐用人制度，而高校教师对优秀人才的定义与企业对其所需岗位适宜人才的定义是存在较大偏差的，最终造成平台服务精准化水平仍然无法进一步提升。

五、就业创业指导评价的有效性问题

（一）就业创业指导质量评价主观性过强

成渝高校普遍用于统计每年毕业生就业创业质量的数据，一般是来自各校招生就业处统计的本校生源数据和联合第三方机构针对本校毕业生就业创业情况的调研数据，并通过各校招生就业处编制的应届毕业生就业质量年度报告向外发布。由于第三方机构并不了解高校的具体学情结构，因此在对就业创业质量做调研时，采用的是毕业生和用人单位作为评价主体，对高校的就业创业指导过程和结果均进行主观满意度评价，评价选项使用李克特量表模式按程度由低到高的顺序分为"很不满意""比较不满意""一般""比较满意""非常满意"五项，但该评价的五个程度没有具体的标准界定，因此全靠评价主体自己的主观感受进行评价。这便容易造成不同主体对满意与否的界定差异较大，造成评价数据客观性不足。

（二）针对评价主体的调研问题浮于表面

在进行评价问题设计时，成渝地区高校质量报告采用的问题设计模式都是直接针对某个涵盖因素较多的领域直接提问，没有下设任何二级指标、三级指标来全面评价该领域，问题与问题之间的逻辑性也不强，问题之间多属于并列关系，缺乏因果、从属等关系型问题，且调研问题想要导向的目的不清晰、重点问题不突出。这些浮于表面形式的提问模式，很难让相关工作者能从评价数据中提炼出影响就业创业指导工作成效的根本原因，若遇到就业创业指导成效低下的年度，从这些过于形式化的问题答案中很难找出真正的症结所在。另外，在评价主体的选择上，所有高校的质量报告都忽略了对学科专业专职教师、辅导员和就业创业专职指导师的意见进行评价，而这些人群是除了学生和用人单位以外，对高校的就业创业指导存在的核心问题接触最频繁的人群，没有将他们的意见纳入到质量评价调研中，导致现阶段成渝高校的就业创业指导工作评价缺少了极其重要的一环。

（三）评价数据难以支撑后续的改进措施

由于评价数据的主观性过强、搜集数据的问题不够深入、提供数据的评价主体结构不完善，成渝就业创业质量报告中的有关就业创业工作效果的评价数据可参考性不强。通过研究 2020—2022 年的成渝高校毕业生就业质量年度报告有关就业创业指导工作质量的相关评价数据趋势发现，即便在这三年间就业率和就业去向分布有较大的波动和差异，特别是 2021 年大部分成渝高校的就业率位于这三年中的低谷，但针对指导工作的评价数据却一直保持满意度较高的水平，比如在用人单位对毕业生工作表现、学校招聘服务等内容的评价中，每年得到的"比较满意"和"非常满意"评价占比都超过了 90%，然而在对企业实地调研考察访问过程中，得到的企业反馈却与质量报告中的评价数据截然相反，很多用人单位针对学校的人才培养导向和就业创业指导工作都提出过较多问题和意见。这一现象只能说明，质量报告中的评价数据随意性过大，从这些数据中很难挖掘用人单位和毕业生的真实感受，从而难以支撑后续改进措施的制定。

第二节 成渝高校就业创业指导体系的构建对策

一、基于"双城双循环"的高校就业创业指导共同目标构建

成渝各高校的就业创业指导体系各环节建设现状基本满足就业创业教育理论上提倡的指导目标，即在就业指导方面，帮助学生了解自己、培养和发展学生生理和心理适应能力，帮助学生获得职业信息并作出职业决策，并根据社会需要和自身特点选择职业、预备职业、获得职业和改进职业；在创业指导方面，则主要是帮助学生获得创业知识、锻炼其创业能力、培养其创业精神，促使其能积极参与双创竞赛、创业项目运作、自主创业，从而以创业带动科技创新成果的产出和就业率的提升。

然而在 2020 年成渝地区双城经济圈战略与双循环战略两大方针出台并逐步在社会各界开始实施之后，各高校仅仅是各自为政按上述目标建设自己的就业创业指导体系，将不能满足双循环背景下成渝地区对人才要素质量和配置效率提升、区域人才链与产业链动态衔接以及产才精准深度融合的需求。成渝高校现有就业创业指导体系存在的最主要问题，是各指导环节和产出结果无法有效解决或减少双城经济圈在近几年产业体系重构、数字经济发展、协同创新发展、对外开放建设中日益增加的人才供需矛盾，同时还存在指导课程同质化严重、指导活动形式多样但收效甚微、高质量指导师资分配不足、指导平台资源和数据共享协同程度低、指导评价反馈形式胜过实质等问题。为解决这些问题，成渝高校应围绕双循环背景下双城经济圈的发展战略，构建能联合发力支撑区域人才市场高质量发展的就业创业指导共同目标，并在共同目标的指导下优化就业创业指导体系。

（一）由提升就业率转向优化就业结构

一直以来，我国高校就业创业指导工作的最重要衡量标准就是整体就业率的提升，这也是上级教育部门对高校相关工作成效考核中最重要的一环。虽然就业率不是高校就业创业指导质量的唯一检验标准，但在宏观经济处于衰退和低迷周期时，由于社会各群体失业率上升，就业压力变大，高校在响应和完成上级部门传达的高质量充分就业任务时，就更注重充分

就业水平指标的达成。在进入双循环发展变革时期的前三年，受新冠疫情冲击、全球产业供需结构变化、人口红利逐渐减少等因素影响，全社会就业率有所下降，这导致在2020—2023年，高校的就业创业指导负责部门尤其重视毕业生就业率的维稳和提升，在指导工作中习惯性强调就业率很容易造成各项工作的开展由多重目标变为服务就业率提升的单项目标，从而导致就业创业指导体系中的素质提升教育模块被轻视或忽略。然而，在党的二十大报告中提出的"实现高质量充分就业"目标包含的两层含义中，就业水平高只是其中一层，并且强调的是达到与未来15年经济中速高质量发展相对应的就业水平，而不是仅达到毕业统计时间点上的某个就业水平；而另一层高质量就业目标其实应置于充分就业之前，即确保就业结构的明显高级化，使结构性就业问题得以根本解决，因为当就业结构得以优化，其结果也会作用于整体就业水平的提升。因此，成渝高校在就业创业指导共同目标的构建上，第一步举措便应是共同转向注重毕业生就业结构的优化引导，不再单一地对各学院的就业率水平进行排序考核，而是分学科专业检验其就业比重是否与成渝地区对应行业当前周期的发展水平相适应。

（二）由迎合产业短期需求转向适配产业长期发展

本书在研究中发现，成渝地区大部分高校已形成围绕"产业—行业—企业"的短期用人需求目标开展就业创业指导活动，其中主导各项就业指导活动的最终目标是促成用人单位对毕业生的聘用，而主导各项创业指导活动的最终目标则是创业项目获奖、创收及促进就业的达成。虽然就地区当下的充分就业保障而言，这样的目标无疑是对就业创业指导工作成效的最好证明，但就双循环背景下成渝地区双城经济圈的产业结构转型目标和人才高质量发展目标而言，高校就业创业指导如果将重点聚焦在了社会用人的短期需求上，就意味着高校的指导工作在学生就业协议签订之后就退出了该轮产才融合进程，使高校的就业创业指导体系停留在产业长期高质量发展体系的最外层，难以攻破教育界和产业界的人才共育界限，从而阻碍产才融合的深度拓展。因此，成渝高校在制定就业创业指导各类活动的最终目标时，应将目标思维从"好的就业创业指导是为学生创造工作岗位"转变到"高质量的就业创业指导是为地区产业变革创造优质人才"的思路上来。

（三）由独立建设转向区域校际间协同共建指导体系

成渝各地区各层次高校都已建有自己独立的就业创业指导体系，虽然就体系结构而言，大都趋同地按照指导课程体系、指导活动体系、指导师资体系、指导平台搭建、指导评价体系在构建，但其中的指导资源处于各自独立状态，并没有在已建成的高校联盟中做到高水平互联互通，更不用说大部分成渝本专科高校都不属于高校联盟，缺乏共享或协同共建就业创业指导资源的想法。在我国早期就业创业教育从无到有的发展阶段，高校在教育理论的指导下独立探索和建设出拥有自身特色的就业创业指导体系是每一个高校完善自身教育教学体系建设的必经之路。目前，成渝地区大部分高校现已完成了这一阶段的建设，而双循环新发展格局的开启，对地区高校就业创业体系的建设又提出了新一轮发展需求，即成渝各区域间需要打通人才工作经脉来畅通"双循环"经济，这便使各高校的指导体系不能再继续处于各自独立相互割裂的发展环境，需要校际间协同共建就业创业指导体系，让每一个单一的指导体系在共性上能达到区域联合育人效果，同时也能保持各高校的特点支撑差异化育人效果。

二、服务成渝地区双城双循环经济圈建设的就业创业指导体系设计

基于就业结构优化、产业发展适配、校际协同共建的就业创业指导共同目标，成渝地区高校需要相互开放各自的就业创业指导资源，将独立的高校指导体系串联融合为服务双城经济圈双循环经济建设的整体指导系统生态。本节将双城经济圈高校就业创业指导体系作为一个整体，针对成渝地区就业创业发展态势、成渝高校就业创业指导现状及问题，提出服务成渝地区双城双循环经济圈建设的高校就业创业指导体系整体构建方案，如图4-1所示。

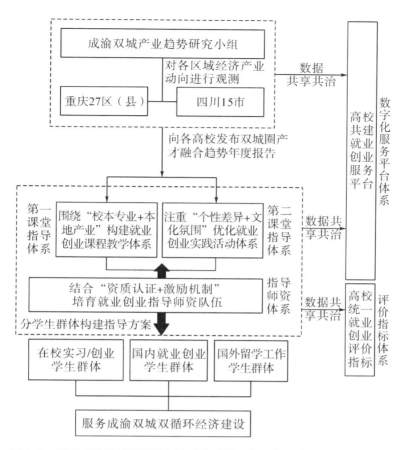

图 4-1　服务成渝双城双循环经济建设的就业创业指导体系整体构建方案

（一）构建"成渝双城产业趋势研究小组"为体系提供研究支持

　　为了在就业创业指导过程中更好地满足双城经济圈就业结构优化和产业发展适配的共同目标，以四川大学和重庆大学牵头成立的成渝地区双城经济圈高校联盟应发挥引领作用，在高水平研究型高校中筛选经济类专业的学者建立"成渝双城产业趋势研究小组"，按成渝经济转型升级中人才需求变化较大的重点领域（如表 4-1 所示）对重庆 27 区和四川 15 市构成的产业发展动向进行定期观测和研究，并向各高校发布双城圈产才融合趋势年度报告，以此支撑成渝各高校在进行就业创业指导内容构建时，能以地区发展趋势为目标导向，使高校的就业创业教育不只停留在理论和技能层面，同时还能和地区经济产业发展深度融合。

表 4-1 "成渝双城产业趋势研究小组"重点研究方向

重点研究领域	细分研究领域	研究成员一级学科背景
成渝现代产业体系构建中的产才融合趋势	农业生产、农业科技、农产品流通、城乡产业协同、长江上游农村生态文明建设、乡村振兴、电子信息产业链、现代汽车汽摩制造链、新材料生产制造、研发设计、科技服务、商业咨询、检验检测、人力资源服务、商贸物流、金融服务	经济学、农学、工学、管理学、交叉学科
成渝数字经济发展中的产才融合趋势	5G基站建设、云计算产业建设、国际数据专用通道建设、软件和信息服务、大数据智能化生产、智慧工厂与数字化车间建设、工业互联网平台建设运营	理学、工学、管理学、交叉学科
成渝协同创新发展中的产才融合趋势	成渝科研仪器共享、川渝科技创新合作、科技成果转化、知识产权保护、高精尖人力资本管理	理学、工学、管理学、经济学、法学
成渝对外开放建设中的产才融合趋势	西部陆海新通道建设、中欧班列品牌建设、长江沿线航运束流建设、"一带一路"沿线国际航线网络建设、"一带一路"进出口商品集散中心建设、川渝自由贸易试验区建设、外资利用及管理、对外投资合作、跨境贸易便利化、对外国际文化交流合作	经济学、文学、艺术学

（二）围绕"校本专业+本地产业"构建就业创业课程教学体系

在构建就业创业指导第一课堂体系时，主要是对各高校人才培养课程体系中的有关就业创业的通识与专业课程结构进行重构，应按"校本专业+本地产业"的主题导向，在专业课程体系中增添以"学科—专业—产业—行业"为教学主题的就业创业类课程，从而使每个学校能按照自己的特色专业构建各学科专题的就业创业指导课程，同时还能按专业对接本地产业进行课程社会实践内容建设，使学生在第一课堂中就完成对成渝地区产业发展及人才需求现状的认知。

其中，按"校本专业"构建就业创业课程教学体系，是指成渝地区各高校从学校的实际出发，针对本校特色专业，尤其是针对重点学科专业、毕业生人数规模较大的专业、对成渝产业转型有较大支撑作用的专业，开发设计具有专业特性的就业创业课程，将就业创业相关理论知识与特色专业领域深度结合，让相关专业学生在课程中能对本专业的职业生涯规划发展产生更深刻的认知；而按"本地产业"构建就业创业课程教学体系，是指在按"校本专业"构建的各重点学科专业就业创业指导课程体系基础之上，在"校本专业"就业创业课程教学内容中，加入对高校所在地及毕业生去向地产业及重点企业的业务及用人趋势发展的知识讲解，并加入实践学时，让学生在第一课堂学习过程中也能对学校周边区域进行产业调研，获取与未来就业领域生产工作相关的直接经验，增强就业创业学习的体验感。

（三）注重"个性差异+文化氛围"优化就业创业实践活动体系

第二课堂体系主要是指各高校组织开展的就业创业实践活动体系，成渝高校现有的活动类别包含招聘类活动、指导咨询类活动、竞赛类活动、实践基地活动和其他专项活动，这些活动共同构成了就业创业的第二课堂指导体系。在上述这些活动的开展过程中，出现的最大的两个问题，一是活动中的就业指导缺乏个性化的职业目标引导，二是很多高校校园内部缺少职业发展和创业实践的积极氛围，导致活动参与度、设施利用率相对较低，活动开展效果差。因此，在对实践活动体系进行重构时，在优化实践活动的类型和内容方面应注重"个性差异"和"文化氛围"，一方面通过差异化指导挖掘学生深层次个体发展需求，另一方面通过文化氛围营造改善就业创业实践活动参与度低的问题。

对于"个性差异"指导策略在就业创业实践活动中的应用重点在活动组织者和咨询指导师身上，高校在主办或承办就业创业相关实践活动时，组织者应先对活动所涉及学生群体的生源构成、专业构成、职业性格、就业创业偏好、兴趣爱好、社交方式倾向等与个体行为模式相关的因素展开在线数据调研，以摸清活动参与者的个性化分布特点，然后将相关数据提前发布给执行技能培训、讲座主讲、一对一咨询交流的指导师群体，让指导师群体能率先摸清指导对象的个性差异，提前制定差异化指导策略，在活动中更有效、有针对性地进行指导，同时组织者也可根据指导师对活动对象的个体差异的分析结果，因地制宜优化活动主题、活动组织方式等内容，从而更契合活动参与者的个性化特点，提升学生参与活动的积极性，让学生感到学校的就业创业指导服务的人本关怀。对于"文化氛围"营造策略在就业创业实践活动中的应用重点，则是在每次开展相关实践活动时，通过新媒体宣传、校园广播宣传、微信公众号和视频号推送、校园活动布景宣传、专业课教师推荐、校企联动宣传等方式，让每一届在校生都能沉浸在学校活动多样化的校园氛围中，从而通过大部分高校学生群体中存在的从众效应，带动和影响对自身职业发展不感兴趣的学生群体主动参与其中，刺激更多对自身职业规划感兴趣的需求者。只有当实践活动的供需契合了，才能激发高校第二课堂指导体系的活跃性，拓展第二课堂的实践广度和深度。

（四）结合"资质认证+激励机制"培育就业创业指导师资队伍

就业创业指导师资队伍是第一课堂和第二课堂指导体系建设和运作的实施者，指导师资的质量直接决定了课程教学质量和实践活动质量的高低，高质量的就业创业指导师资队伍是保障高校就业创业指导体系有效运作的关键。然而在成渝高校现有指导师资队伍建设中却存在较多发展瓶颈，其中最主要的两大问题，一是参与校内学生就业创业指导的教师群体大都缺乏资质认证或社会经验，二是兼职指导师占比较大导致其专职岗位与激励机制严重错位，难以激发指导教师的自我提升动能和服务质量提升动能。

在资质认证方面，我国职业培训和人力资源培训领域较为认可的资质证书种类较多，包括全球职业生涯规划师、人力资源管理师、创业指导师等，这些资质认证培训基本能支撑高校层面就业创业指导工作所需的知识和技能。然而现在这些资质证书都全线市场化运作，需要经过培训并通过考核才能得以认证。部分资质报考和认证费用从几百到几千元不等，但大部分非专职岗位的指导师觉得这些资质认证是与本岗位晋升无关，因此不会主动自费参与学习，而学校也很少会为职业指导类资质认证进行补贴。这便造成了大部分高校里负责职业指导的教师未具备就业创业指导的系统性理论知识构架，无法结合成渝产业趋势数据来对学生进行针对性指导。因此，在高校经费补贴不足、指导师主动自费学习动力缺失的背景下，高校可以引入重庆市人力资源和社会保障部门的职业指导师资资源，为学校参与就业创业指导环节的辅导员、专职教师开展资质培训和学校主办的考核认证，这既能节约经费，也能让高校指导师资队伍获得最基础的指导资质技能。

在激励机制方面，成渝大部分高校指导师在调研中认为最缺乏的激励就是薪酬奖金激励，因为指导工作无论是一对多举办培训讲座、还是一对一进行个体咨询，都需要消耗指导师的工作时间和精力准备资料，如果没有对应的补贴激励政策，很难有指导师愿意持续执行相关工作任务，使参与就业创业指导队的指导师变得更少。因此，各高校设置专门的就业创业指导岗位，并为其设计专岗配套的激励机制，是对就业创业师资队伍的长期发展的有力措施。激励机制的构建可按过程性考核、一般性成果考核、和标志性成果考核综合构建，过程性考核一般包括对指导咨询方案内容、活动策划内容、一对一指导记录、指导数据研究成果等内容的考核，一般性成果考核则对包括对日常指导咨询学时、指导对象规模、规定期间指导频次、举办线上线下活动次数、用人单位签约协议数量等内容进行考核计分，而标志性成果考核则是对为学校和社会带来较高认可的荣誉奖项的指导成果进行衡量，比如指导学生获得就业创业赛事奖项、指导学生创立企业成功并带动一定规模的就业数量等。

（五）共建"数据共享共治交互"的智慧化就业创业服务平台

现阶段成渝高校自建的就业创业服务平台最大的三个问题在于高校间各自独立、数据不对接、信息不流通造成的数据孤岛问题，两地大学生"24365"平台功能和信息协同性不高，以及平台服务智能化与精准化水平不足。这三个问题极大地阻碍了成渝高校就业创业服务的数字化管理进程，降低了两地毕业生人才数据挖掘、分析和管理的便捷性，使其无法更高效地为成渝数字经济建设服务。因此，成渝高校就业创业服务数字化平台体系的构建要点在于：首先，要满足对各高校就业创业数据和资讯的"共享共治"需求；其次，能为师生及用人单位提供有交互功能的智慧化服务，最后则是各高校平台需要统一常用标准化功能板块。

在数据共享共治层面，平台不仅需要像现阶段大部分高校一样将企业招聘数据接入高校就业网，还需要同时将成渝双城产业趋势报告数据、就业创业在线课程教学数据、就业创业活动开展数据、指导师资培训数据以及在校学生实习和毕业生国内外去向数据全部接入平台，制定成渝地区统一共用的教师登入系统，让就业创业专职指导师、专业课教师、辅导员、成渝双城产业趋势研究小组成员等高校教师群体均能在后台查询、导出、分析成渝地区双城经济圈各高校的上述相关数据，同时开设通道让负责就业创业数据搜集的教师上传相关板块数据，真正做到成渝高校全师资队伍参与双城经济圈的就业创业数据共享共治。这一建设工程不是靠一个某高校牵头组织就能完成的，需要两地教育部门设立专门的建设小组，依靠两地已有的"24365"服务平台技术设施，分层次组织两地高校相关部门全程参与建设论证、实践与改进，才能打通两地高校的网络平台，实现就业创业指导资源共建和统一梳理，防止数据和资源重复或成为数据孤岛。

在平台智慧化层面，需要诸如云计算技术、大数据技术、人工智能技术、政策保障、数据整合、开发运营人才、数据安全保障体系等多项建设任务的支持，才能搭建更便捷、透明、高效的智慧服务平台。而成渝各高校的建设经费规模、信息化技术水平等差距较大，不可能让每一所高校都自建智慧化平台，因此成渝地区高校可采用分功能板块统一平台的建设路径。所谓分功能板块统一平台，是指对于仅限本校学生参与的就业创业实践活动、宣讲会、专场招聘会等单向发布类信息，可选择在高校自建就业创业服务平台上呈现，并且不需要选择智慧化模式，只需要采用一般网页信息发布形式即可；而一些对智慧化交互程度依赖较高的服务功能，比如在线课程教学、在线一对一咨询、在线职业生涯测试与分析、毕业生去向调研、生源调研、学籍信息上传、协议签约信息上传等功能板块，由于成渝高校在这些服务上都具有或者容易设定成统一标准，则可将这些功能板块设置在成渝高校公用的统一就业创业服务平台上，通过平台后台接入各高校端口，供高校师生共同使用。如此一来，平台的智慧化建设任务就只需要针对一个平台进行统一开发和运营管理。

（六）构建"客观+深度+易获取"的就业创业指导评价指标体系

成渝地区高校用以衡量就业创业指导质量最普遍的评价方式，是以招标的方式雇佣第三方机构直接对毕业生和用人单位两大评价主体开展针对高校就业创业指导工作的满意度调查式评价。这种评价方式的优点是满足了数据的易获取性，只需要通过组织学生线上填报并提交调研问卷，线上问卷统计系统就能对各类工作的满意度数据进行分类统计并生成图表。但这种评价存在两个缺陷，第一是评价的主观性过强，由于不是参与的付费调研，评价主体极有可能采用随意点选的方式应付调研，无法保证调研过程严谨；第二是调研问题覆盖的评价要素浮于表面，也就意味着高校无法从评价数据中挖掘就业创业指导工作所存在的真实问题。

基于上述优缺点可知，成渝高校就业创业指导评价指标体系需要增加更多客观性强、有一定深度、能激发评价主体认真回答意愿的评价性问题。评价指标体系中一级指标的构建，可以将成渝高校指导体系中共有的环节作为一级指标设置对象，比如就业创业课程教学的评价、就业创业指导活动的评价、就业创业指导师资的评价、就业创业服务数字平台的评价。

针对客观性指标的选取，不受评价主体主观意愿左右的客观评价标准可作为二级指标使用，比如对就业创业课程教学的评价，可使用高校教务数据库中导出的选课人数数据、平均成绩数据、实践学时数据等作为客观评价标准；对就业创业指导活动的评价，则可使用招就处或职业指导中心相关数据库记录的招聘会开设场次、讲座开设场次、一对一咨询人数等数据作为客观评价标准；对就业创业指导师资的评价，则可选用师资职称结构、学历背景、指导资质认证水平、参与培训次数数据等作为客观评价标准；而对于就业创业服务数字平台的评价，则可直接使用平台记录的流量数据，比如课程观看量、各模块访问量等来评价平台的利用率。

针对深度性指标而言，则需要针对学生、教师、用人单位对就业创业指导内容的认知深度来进行调研，而不是采用满意度进行调研。比如要评价高校实施的就业创业指导是否对学生形成了实质性帮助，则需要设置调研问卷让学生主体对具体罗列的就业创业知识、面试技能、简历制作技能、自我发展规划等选项进行认知程度的评分。并且，为了衡量成渝高校就业创业指导内容是否与成渝地区产业发展有深度结合，在对评价主体的调研中，还应通过增设成渝地区双城经济圈产业转型发展背景对个人就业创业取向、个人专业发展、个人学历提升意愿、个人职业目标变更的影响程度的评分。如此一来，才能间接衡量和反映成渝高校的就业创业指导工作对学生职业认知改变的介入深度，以及评价就业创业指导工作对双城经济圈产才融合教育实践的介入深度。

第五章 结论与展望

第一节 成渝高校就业创业指导体系建设研究结论

成渝地区双城经济圈作为我国经济增长的第四极，在双循环新发展格局的形成中发挥着至关重要的作用，而双城经济圈中的高等教育事业发展，尤其是高等教育与成渝区域产业的互动发展，是驱动以人才引领支撑的中国式现代化的重要引擎，区域建设需要的人才链和产业链的有效衔接则少不了区域内高校就业创业指导体系的合体发力。本书基于对成渝地区双城经济圈中重要产业集群区抽选的40所本专科高校的就业创业体系建设现状的调研，发现成渝大部分高校就业创业指导体系的核心构成要素已初步建成，但在课程建设、活动开展、师资建设、平台搭建、质量评价上普遍存在以下问题：

第一，就业创业指导课程体系重理论、轻实践、重通识、轻专业、同质化较重。成渝大部分高校通识课程体系中的就业创业类课程几乎都是以理论课方式开设，缺少实验实践学时，理论学时长度也难以覆盖就业创业知识体系的完整讲授，造成学生无论是理论还是实践都无法在课程教学中得以完整应用；同时，在成渝高校大部分专业课程体系中，无论文理科专业方向，都缺少针对各专业未来就业创业需求、职业发展的相关课程，这种专业教育与就业创业教育相互割裂的课程设置模式，难以让学生将个人就业创业目标与自身专业所属的区域产业发展相关联，容易造成学生即便完成本专业学业也依然对自己的择业方向、未来发展感到迷茫的现象；本书从线上就业创业课程资源及其内容中还发现，成渝高校设置的就业创业课程名称、内容结构同质化较为严重，相关线上精品课程未在成渝区域内跨校际被选修，造成了课程资源的重复建设及浪费。

第二，就业创业指导活动缺乏长期职业目标引导、功利性较重、资源利用率低。成渝高校中最常开设的就业创业指导活动包括就业指导咨询、访企拓岗活动、创业实践基地活动、双创赛事指导活动。成渝高校就业方面的活动在开展时更多地是以短期目标作为引领，缺乏与成渝地区学生服务地方经济建设和个人职业发展相关联的长期职业目标引导，这导致指导活动更偏重短期成效，比如就业咨询偏重快速构建简历和面试技巧、访企拓岗活动停留在拓展几个实习或岗位机会等，无法使学校、学生和地区企业之间的双向关系长久动态发展。创业方面的活动则更注重诸如"挑战杯"、"互联网+"大学生创新创业大赛等几个主流双创赛事，而非竞赛型活动影响力较小，如个人微型创业项目很少得到学校支持，这也使很多高校的创业实践基地容易处于空置状态。

第三，就业创业指导师资对成渝产业需求导向领悟不足、转岗激励机制缺位。成渝地区就业创业指导师资主要由高校辅导员和当地企事业单位具备职业指导资格认证的指导师构成，在本书的调研中发现，大部分辅导员和接近50%的资格认证师资对成渝两地双循环产业人才的动态需求了解甚少，造成成渝高校的就业创业指导活动容易丧失对地区产业所需人才的导向性功能。同时，师资的激励机制缺位现象严重，导致很少有教师愿意长期、频繁从事就业创业指导咨询工作，难以高质量推动指导活动。

第四，就业创业服务平台存在数据孤岛及两地信息协同化较低等问题。成渝地区就业创业服务平台分为两类，一类是高校自建平台，另一类是由两地相关部门牵头建立的区域性服务平台。前者存在较为突出的数据孤岛问题，即校际间数据未进行共享、自建内容更新速度缓慢、学生互动数据较少、共享度和智能化程度较低；后者则存在平台板块设置和数据结构差异化较大，难以实现两地信息协同。这两种服务平台建设现状容易导致成渝高校的平台建设优者更优、弱者更弱，不利于成渝两地高校就业创业资源的共享共建。

第五，就业创业指导评价指标无法体现成渝高校人才与区域产业深度融合质量。成渝大部分高校招生就业部门都采用联合第三方机构编制的应届毕业生就业质量年度报告中的评价指标体系来评价本校每届毕业生的就业创业质量。而这套评价指标并未参照我国就业创业教育质量评价最新研究成果的科学衡量方式来构建，评级量表存在主观性过强、调研问题浮于表面、评价数据前后矛盾等问题，这使成渝高校就业创业质量评价数据随意性过大，很难支撑成渝高校就业创业指导体系后续改进措施的制定。

本书针对上述重点问题，提出了构建基于"双城双循环"的高校就业创业指导体系的整体设计方案和具体建设对策。首先，在建设目标方面，提出应立足于成渝两地高校人才质量提升和服务于双城经济圈产业现代化转型建设从而对高校传统的就业创业指导目标进行转变，由提升就业率为主的指导目标转向优化就业结构为主的指导目标，由迎合产业短期岗位需求为主的指导目标转向适配产业长期发展为主的指导目标，由各高校独立建设指导体系转向区域校际间协同共建指导体系。其次，为使高校就业创业教育不仅仅停留在理论和通识技能层面，以及弥补指导师在产业需求导向领域的不足，使成渝两地高校就业创业教育与成渝地区经济产业发展深度融合，构建产才双循环互相促进的格局，本书提出构建"成渝双城产业趋势研究小组"，针对成渝经济转型升级中人才需求变化较大的重点领域进行定期观测和研究，专门为高校毕业生和就业创业指导师发布双城经济圈产才融合趋势报告。最后，为针对性解决成渝高校就业创业课程教学、实践活动、师资队伍、服务平台、评价指标这五大体系重点环节中存在的问题，本书提出围绕"校本专业+本地产业"构建就业创业课程教学体系，注重"个性差异+文化氛围"优化就业创业实践活动体系，结合"资质认证+激励机制"培育就业创业指导师资队伍，共建"数据共享共治交互"的智慧化就业创业服务平台，构建"客观+深度+易获取"的就业创业指导评价指标体系，为成渝高校人才更好融入双循环新发展格局提供全新的职业指导框架，并通过构建促进区域间高校联动的就业创业指导体系，实现成渝地区双城经济圈产才深度融合。

第二节　成渝高校就业创业指导体系建设趋势展望

根据本书对我国就业创业教育文献的梳理和对现阶段成渝高校就业创业体系的建设现状研究，发现我国高校就业创业指导体系的发展趋势大致经历了五大阶段，第一阶段该体系主要应用于基础教育和职业教育领域，仅仅关注青少年未来择业问题；第二阶段则该体系与高校毕业生思想教育相融合，指导即将迈入社会的大学生树立良好的道德品质及符合社会主义核心价值观的职业理想；第三阶段该体系开始关注引导在校生了解社会职业情况、实现就业及就业后的自我提升与事业发展；第四阶段该体系开始采用科学的理论和方法，从生理和心理适应力、职业人格发展等多维度指导学生根据社会需要和自身特点选择职业、预备职业、获得职业和改进职业；第四阶段后期与第五阶段并行展开，即就业创业教育与实践指导的融合发展阶段，由于就业和创业活动本质上的高关联性，我国教育界自2010年开始将就业和创业教育一并提及、科学整合，各高校也逐步以拉动就业为导向开展大学生创业教育、以职业能力为基础实施就业指导教育、以人才市场动态需求趋势为导向开展就业创业指导。从高校就业创业指导体系迈入第五阶段至今，我国各区域高校，特别是本科类院校基本已搭建完成以理论教学为基础的就业创业指导课程体系和以双创赛事驱动为主的创业实践活动体系。

然而，从发达国家和我国发达地区的高等教育与区域产业互动发展经验来看，他们除了构建各自高校内部的指导体系以外，还十分重视该体系与本地企业、本地产业集群、本地各层次高校联盟以及本地社区之间的资源要素互联互通。这些发达国家和地区的发展经验为成渝高校就业创业指导体系在双循环新发展格局背景下进入新阶段后发展趋势提供了借鉴及参考依据。

第一大趋势在于成渝高校应突破招聘季的限制，与周边重点企业建立长期人才培养合作关系，促使邻近区域内的高校、研究类机构、各类企业以及投融资机构围绕高校人才就业创业需求及其未来职业发展形成共享人才储备库，以便企业能更好地缩减招录后的人才培养时间和成本，提升企业精准招聘成效。第二大趋势在于成渝地区各高校应逐步将原有就业创业指导目标与所属区域产业集群发展趋势动态对接，依托高校所在区域内的城市产业分工与互补优势构建人才培养目标，以区域产业市场动态需求为导向培养适配产业人才，打破成渝两地间产业同质化竞争壁垒，基于成渝区域产业空间布局规划打造区域人才一体化发展共同体。第三大趋势在于分区域构建不同层次的高校联盟，成渝地区各高校应以联盟为单位构建跨校际的就业创业指导资源共享体系，这需要以政府政策和法律为纽带，用制度高度绑定区域内相邻高校之间的共同利益和责任义务，以此打破处于不同办学层级高校之间的壁垒，使高校联盟具有实质性资源整合，避免就业创业指导资源同质化以及数据壁垒的产生。第四大趋势在于高校与周边社区间的服务型人才互通，成渝地区各高校要打通高校服务周边社区的渠道，确保前面三大趋势所展望的就业创业指导成果能有效对接到具体的片区经济体，从而真正发挥高校就业创业指导体系服务地方经济的实效作用。

参考文献

［1］杨晓慧.大学生就业创业教育研究［M］.北京：经济科学出版社，2015.

［2］周德禄.大学生就业质量测评研究［M］.北京：人民出版社，2020.

［3］黄兆信.中国高校创新创业教育质量评价研究［M］.北京：人民出版社，2020.

［4］陈勇.大学生就业能力协同开发机制研究［M］.杭州：浙江大学出版社，2019.

［5］路正社.马克思主义职业选择理论与大学生就业问题研究［M］.西安：陕西师范大学出版社，2022.

［6］倪好.美国高校社会创业教育研究：基于创业教育三份法的视角［M］.北京：中国社会科学出版社，2020.

［7］蔡昉.双循环论纲［M］.广州：广东人民出版社，2021.

［8］贾康，刘薇.双循环新发展格局［M］.北京：中译出版社，2021.

［9］樊纲，郑宇劼，曹钟雄.双循环：构建"十四五"新发展格局［M］.北京：中信出版社，2021.

［10］重庆市综合经济研究院，四川省经济和社会发展研究院.成渝地区双城经济圈一体化发展研究报告（2020—2021 年）［M］.北京：中国经济出版社，2022.

［11］成渝地区双城经济圈建设研究报告（2022）编委会.成渝地区双城经济圈建设研究报告（2022）：共筑中国经济第四增长极［M］.北京：社会科学文献出版社，2022.

［12］黄磊，时培豪，雷国雄.成渝地区双城经济圈发展研究［M］.武汉：长江出版社，2022.

［13］凌蕴昭.合作学习理论下的大学生就业创业指导研究［J］.湖北开放职业学院学报，2023，36（3）：11-15.

［14］刘升学，彭仲生，王莉芬.思政教育下大学生就业创业指导服务平台构建［J］.北京城市学院学报，2022（6）：99-103.

［15］陈锦.基于服务乡村振兴战略的高校毕业生返乡就业创业指导研究［J］.现代农业研究，2022，28（8）：41-43.

［16］杨启浩.高职院校大学生就业创业指导体系建设研究［J］.经营与管理，2020（12）：105-110

［17］宿钦静，钟新文.高校就业创业平台的生成机理与服务体系构建研究［J］.黑龙江高教研究，2020，38（2）：124-127.

［18］王鑫明.职业院校就业创业培训的演进、困厄与破解［J］.职教论坛，2020，36（7）：153-158

［19］范琼.针对大学生就业从众心理的主体性就业指导策略［J］.学校党建与思想教育，2020（2）：65-67.

［20］申静，孙智宏，刘欣.以 GPS 为就业指导构建高校就业创业教育体系［J］.教育与职业，2016（13）：89-91.